BÖRSEN ATLAS

DEUTSCHER
WIRTSCHAFTSBUCH
VERLAG

Die Deutsche Bibliothek – CIP Einheitsaufnahme:

Börsen Atlas 2022
1. Auflage 2021, München
DEUTSCHER WIRTSCHAFTSBUCH VERLAG
ISBN 978-3-95972-571-2

Herausgeber: Florian Spichalsky & Dr. Wolfram Weimer

Gestaltung: Markus Kaspar
Druck und Bindung: Firmengruppe APPL, aprinta Druck, Wemding
Printed in Germany

Risikohinweise / Disclaimer: Die Redaktion bezieht Informationen aus Quellen, die sie
als vertrauenswürdig erachtet. Eine Gewähr hinsichtlich Qualität und Wahrheitsgehalt
dieser Informationen besteht jedoch nicht. Indirekte sowie direkte Regressinanspruch-
nahme und Gewährleistung wird für jegliche Inhalte kategorisch ausgeschlossen. Leser,
die aufgrund der in dieser Publikation veröffentlichten Inhalte Anlageentscheidungen
treffen, handeln auf eigene Gefahr, die hier veröffentlichten oder anderweitig damit
im Zusammenhang stehenden Informationen begründen keinerlei Haftungsobligo.
Ausdrücklich weisen wir auf die im Wertpapiergeschäft erheblichen Risiken hoher Wertverluste hin. Alle Publikationen dürfen keinesfalls als Beratung aufgefasst werden, auch
nicht stillschweigend, da wir mittels veröffentlichter Inhalte lediglich unsere subjektive
Meinung reflektieren.

Die Börse sehen und verstehen

Für die Gründerlegende Georg von Siemens war die Börse „wie Monte Carlo, nur ohne Musik". Der Sozialist August Bebel klagte, dass „alles, nur Menschlichkeit an der Börse keinen Kurs hat". Für den Schriftsteller Gustave Flaubert war sie vor allem „das Thermometer der öffentlichen Meinung". Ökonomen nutzen sie als Stethoskop der Weltwirtschaft. Für manchen Spekulanten ward sie zum Tempel des Bedauerns.

Die atemberaubende Karriere von Börsen von einem Brügger Hinterzimmer-Kaufmannskontor aus dem 13. Jahrhundert zum global-elektronischen Billionensupermarkt hat letztlich nur einen Grund: Börsen sind so ungeheuer praktisch. Sie erleichtern Finanz-, Tausch- und Handelsgeschäfte immens, sie bringen Kapitalgeber und Kapitalsuchende geschmeidig zusammen, sie rationalisieren Transaktionen aller Art, ermöglichen verblüffende Transformationen über Zeiten und Räume hinweg, machen die Dinge genau vergleichbar, vereinfachen Akkumulation und mobilisieren Reserven.

Indem das Börsengeld immer weiter in Lebensbereiche eindringt, holt es Dinge, Leistungen und Menschen aus der Isolation heraus und an einen Kreislauf heran. Börsen haben damit etwas sehr Verbindendes. Sie schaffen ein Forum der formalen Gleichheit aller Wirtschaftssubjekte im Tauschverkehr. Börsen brausen insofern auch als Apostel der Teilhabe durch die Welt. Der Aufstieg der Börsen ist geprägt von ihrem dynamischen Wesen. Denn Geld wird erst zu Geld, wenn es zirkuliert, wenn es einen Kreislauf gibt, wie beim Blut im Organismus. Börsen sind dabei die Herzkammern der Volkswirtschaften.

Da Börsen die Welt abbilden und gleichzeitig gestalten, wird es Zeit diese Gestaltungen selbst abzubilden und sichtbar zu machen. Die Weltbörsen bekommen daher jetzt einen Atlas. Wie groß sind die Aktienmärkte wirklich? Wo schlummern die größten Goldreserven? Wohin verlaufen welche Handelsströ-me? Wo wohnen die meisten Milliardärinnen? Wem gehören deutsche Aktien? Wie entwickeln sich Zinsen über sehr lange Zeiträume? Wie verteilt sich Kaufkraft? Was passiert, wenn einer immer im falschen Moment Aktien kauft? Diesen und vielen anderen Fragen geht der neue Börsenatlas nach.

Die komplizierte Welt des Geldes wird damit ein Stück transparenter. Ungewöhnliche Zusammenhänge sind grafisch aufgearbeitet und plötzlich verstehbar. Manches ist dokumentarisch, anderes wirkt verblüffend und amüsant, anderes ist erhellend oder enthüllt tiefere Zusammenhänge. Alles ist informativ. Zeitliche und räumliche Beziehungen werden in diesem Atlas visuell aufgeklärt. Das Buch soll helfen, die bunte Welt der Börse besser zu sehen und zu verstehen.

Florian Spichalsky und
Dr. Wolfram Weimer

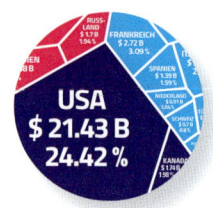

1

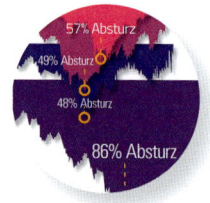

2

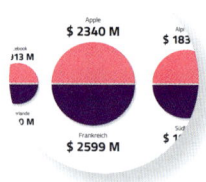

3

4

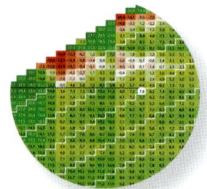

5

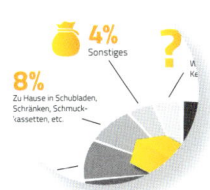 

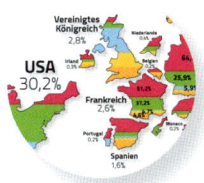

Globale Perspektiven

Volkswirtschaften der Welt nach Größe

Weltweites Bruttoinlandsprodukt:
88 Billionen US-Dollar

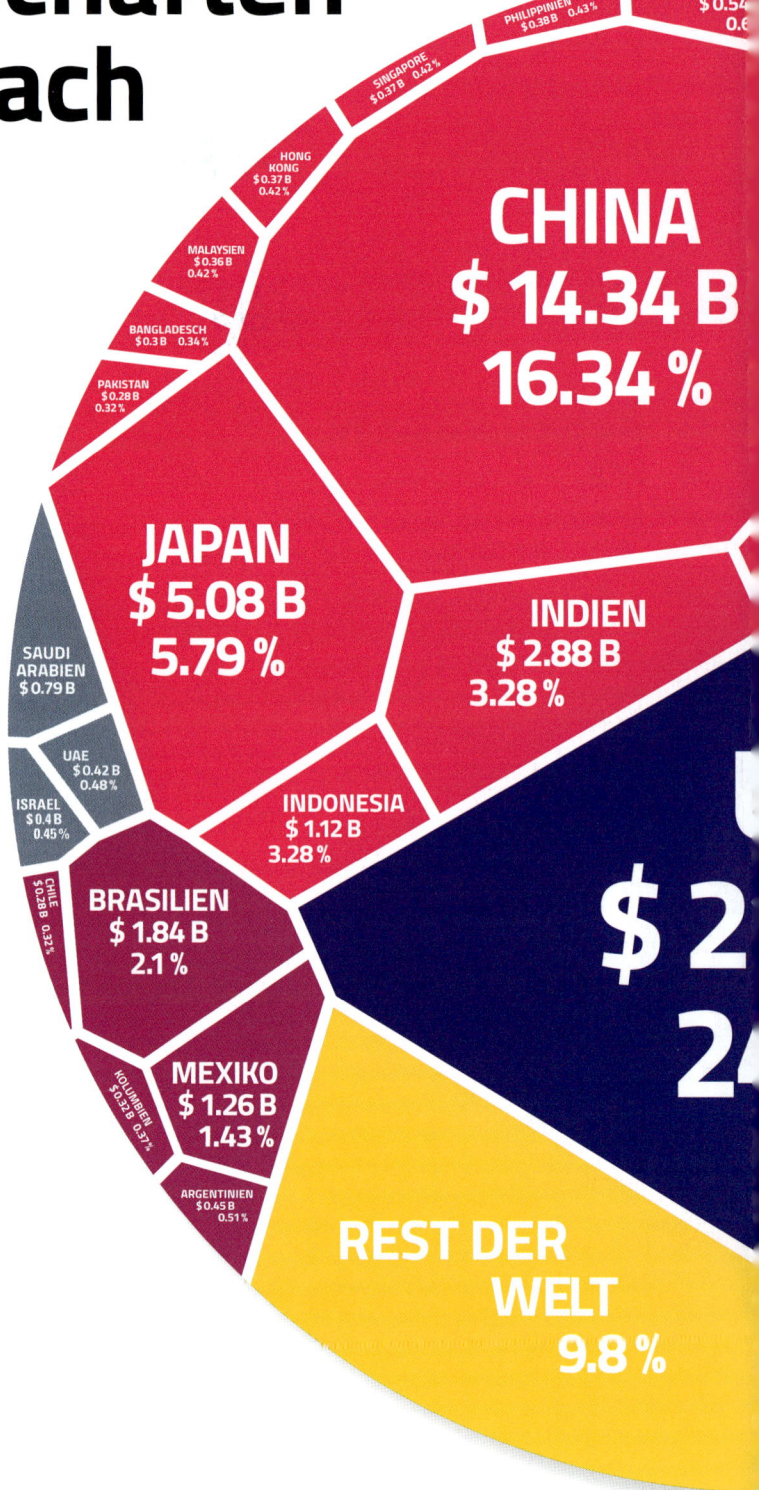

CHINA
$ 14.34 B
16.34 %

JAPAN
$ 5.08 B
5.79 %

INDIEN
$ 2.88 B
3.28 %

INDONESIA
$ 1.12 B
3.28 %

BRASILIEN
$ 1.84 B
2.1 %

MEXIKO
$ 1.26 B
1.43 %

REST DER WELT
9.8 %

SAUDI ARABIEN
$ 0.79 B

UAE
$ 0.42 B
0.48 %

ISRAEL
$ 0.4 B
0.45 %

CHILE
$ 0.28 B
0.32 %

KOLUMBIEN
$ 0.32 B 0.37 %

ARGENTINIEN
$ 0.45 B
0.51 %

PAKISTAN
$ 0.28 B
0.32 %

BANGLADESCH
$ 0.3 B 0.34 %

MALAYSIEN
$ 0.36 B
0.42 %

HONG KONG
$ 0.37 B
0.42 %

SINGAPORE
$ 0.37 B 0.42 %

PHILIPPINIEN
$ 0.38 B 0.43 %

THAILAND
$ 0.54

$ 2

24

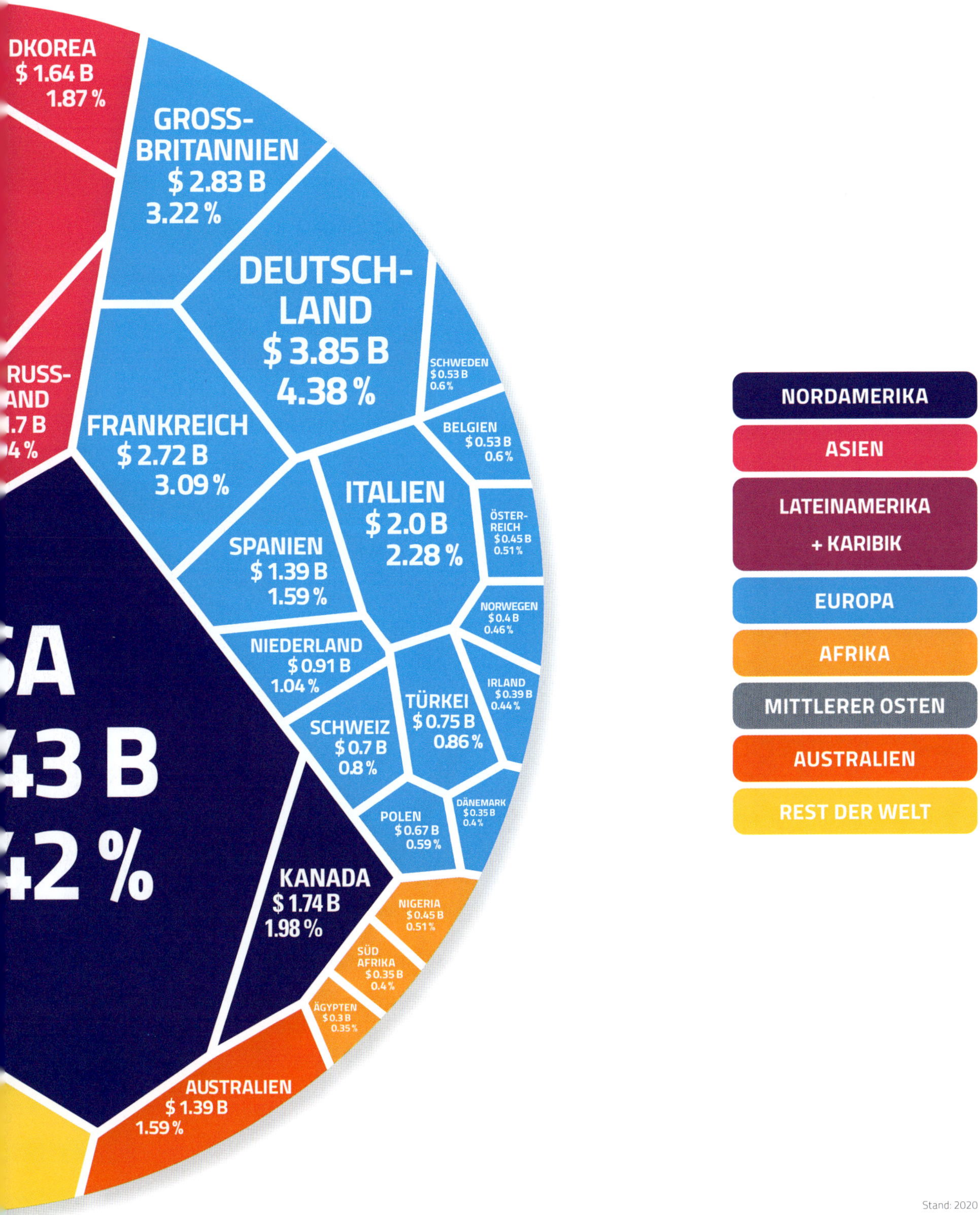

DKOREA
$ 1.64 B
1.87 %

GROSS-
BRITANNIEN
$ 2.83 B
3.22 %

DEUTSCH-
LAND
$ 3.85 B
4.38 %

SCHWEDEN
$ 0.53 B
0.6 %

RUSS-
LAND
.7 B
4 %

BELGIEN
$ 0.53 B
0.6 %

FRANKREICH
$ 2.72 B
3.09 %

ITALIEN
$ 2.0 B
2.28 %

ÖSTER-
REICH
$ 0.45 B
0.51 %

SPANIEN
$ 1.39 B
1.59 %

SA
43 B
42 %

NIEDERLAND
$ 0.91 B
1.04 %

NORWEGEN
$ 0.4 B
0.46 %

TÜRKEI
$ 0.75 B
0.86 %

IRLAND
$ 0.39 B
0.44 %

SCHWEIZ
$ 0.7 B
0.8 %

POLEN
$ 0.67 B
0.59 %

DÄNEMARK
$ 0.35 B
0.4 %

KANADA
$ 1.74 B
1.98 %

NIGERIA
$ 0.45 B
0.51 %

SÜD
AFRIKA
$ 0.35 B
0.4 %

ÄGYPTEN
$ 0.3 B
0.35 %

AUSTRALIEN
$ 1.39 B
1.59 %

NORDAMERIKA

ASIEN

**LATEINAMERIKA
+ KARIBIK**

EUROPA

AFRIKA

MITTLERER OSTEN

AUSTRALIEN

REST DER WELT

Stand: 2020

9

Globale Handelsströme im Welthandel

in Milliarden US-Dollar

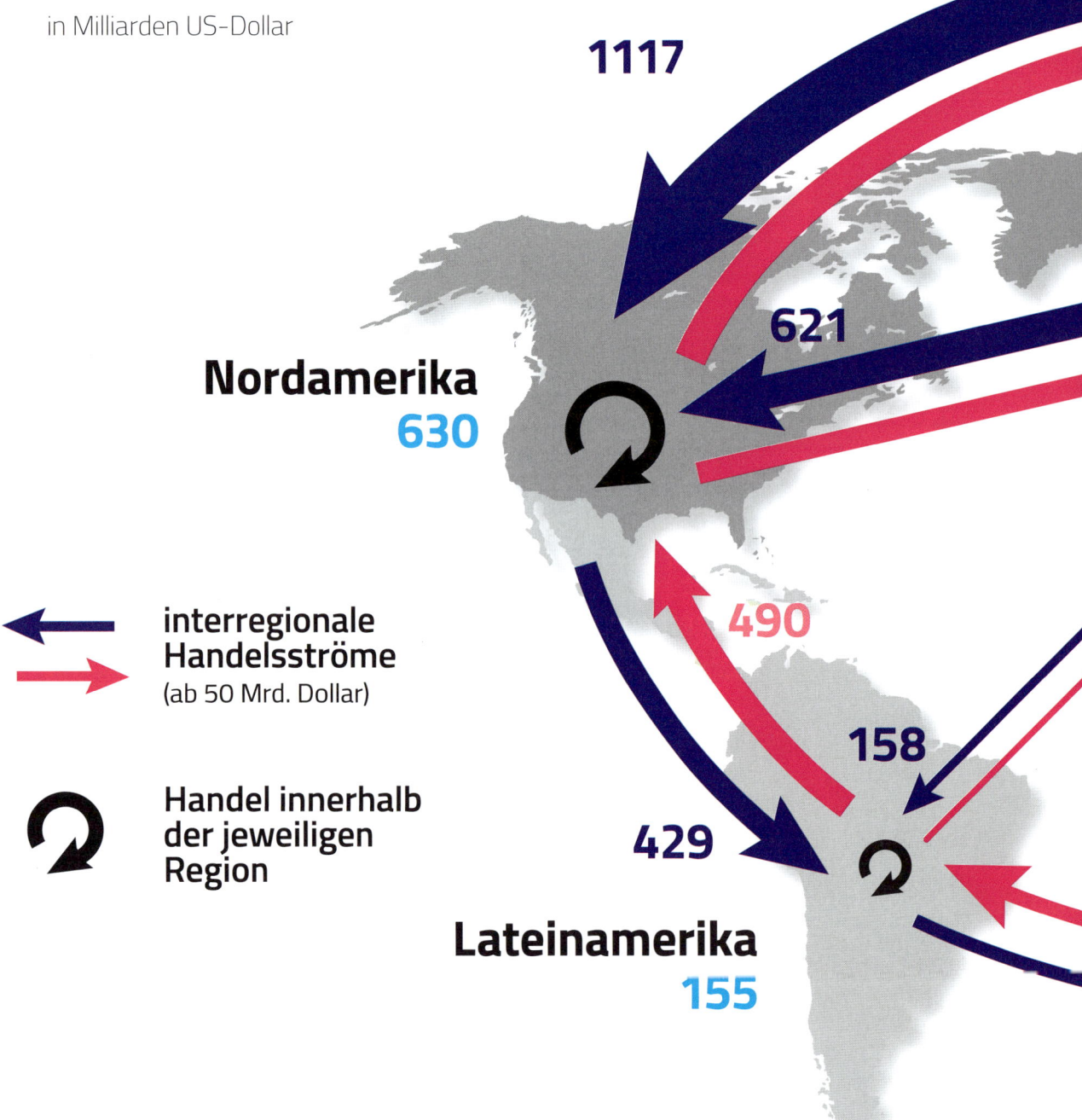

1117

621

Nordamerika
630

interregionale Handelsströme
(ab 50 Mrd. Dollar)

Handel innerhalb der jeweiligen Region

490

158

429

Lateinamerika
155

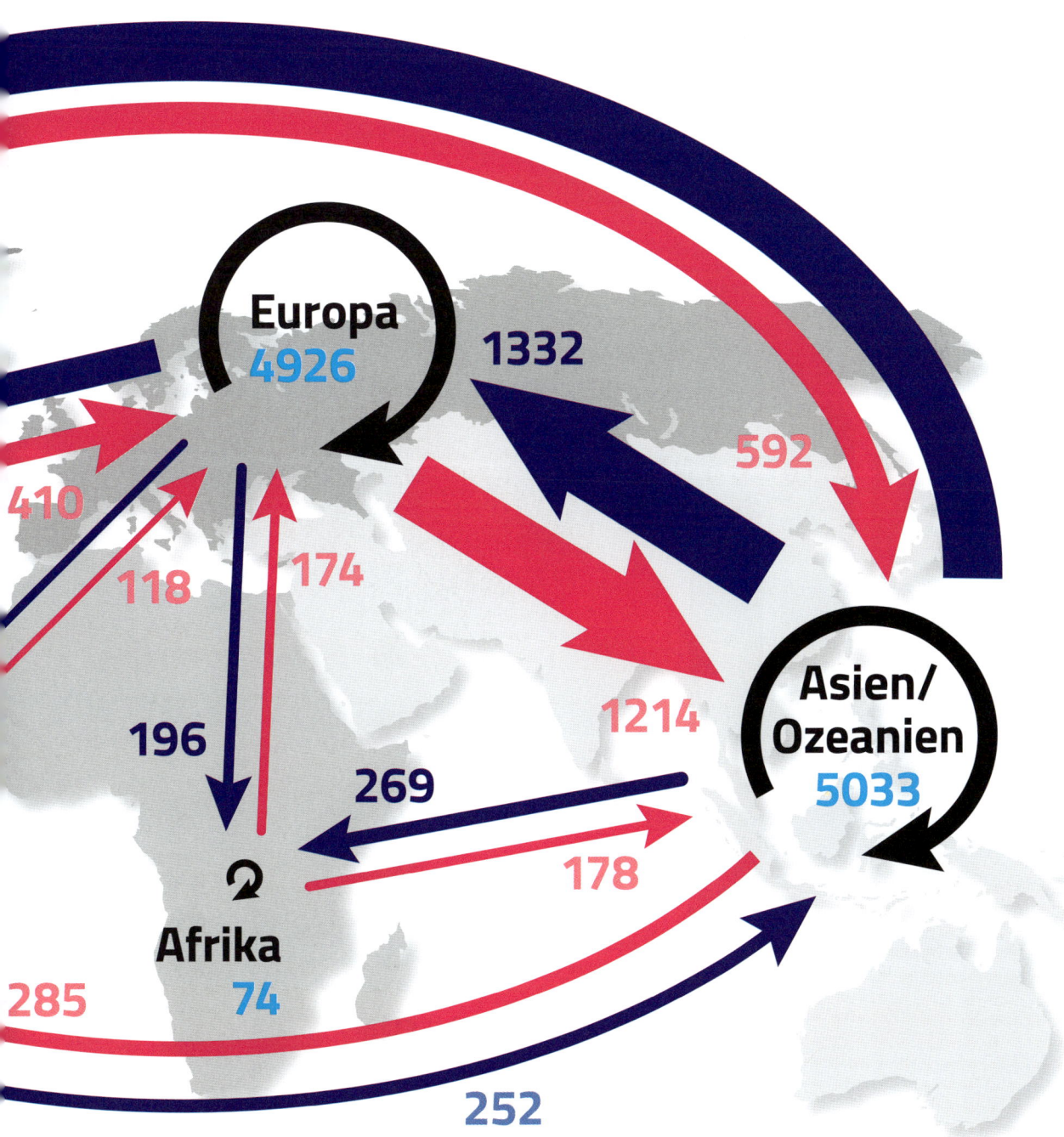

Europa
4926

1332

592

410

118

174

196

269

1214

Asien/
Ozeanien
5033

178

Afrika
74

285

252

Stand: 2019

Europa, darunter
- Deutschland
- Großbritannien

Jahr	Europa	Deutschland	Großbritannien
1963	47,8 %	9,3	7,8
1983	43,5	9,2	5,0
2003	45,9	10,2	4,2
2019	37,7	8,1	2,6

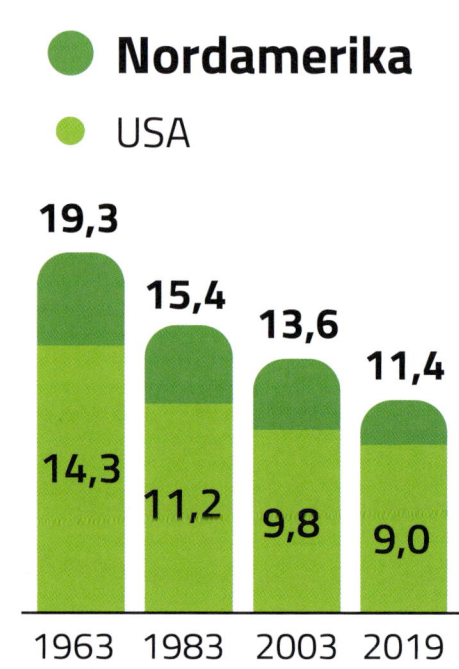

Nordamerika
- USA

Jahr	Nordamerika	USA
1963	19,3	14,3
1983	15,4	11,2
2003	13,6	9,8
2019	11,4	9,0

Neue Gewichte im Welthandel

Anteile am Weltexport in Prozent

Lateinamerika

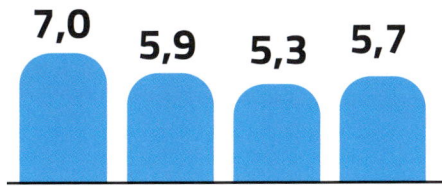

| 7,0 | 5,9 | 5,3 | 5,7 |

Afrika

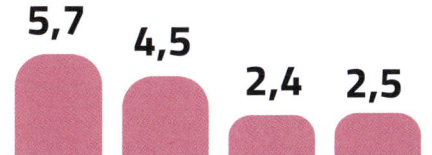

| 5,7 | 4,5 | 2,4 | 2,5 |

UdSSR/GUS-Staaten

| 4,6 | 5,0 | 2,6 | 3,4 |

Nahost

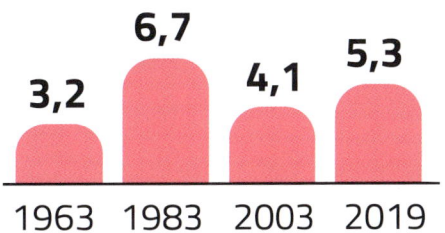

| 3,2 | 6,7 | 4,1 | 5,3 |

Asien
- China
- Japan

	1963	1983	2003	2019
Asien (gesamt)	12,5	19,1	26,1	34,0
China	1,3	1,2	5,9	13,6
Japan	3,5	8,0	6,4	3,8

Stand: 2020

Wirtschaftsbündnisse weltweit

die wichtigsten Freihandelsabkommen unter dem Dach
der Welthandelsorganisation WTO

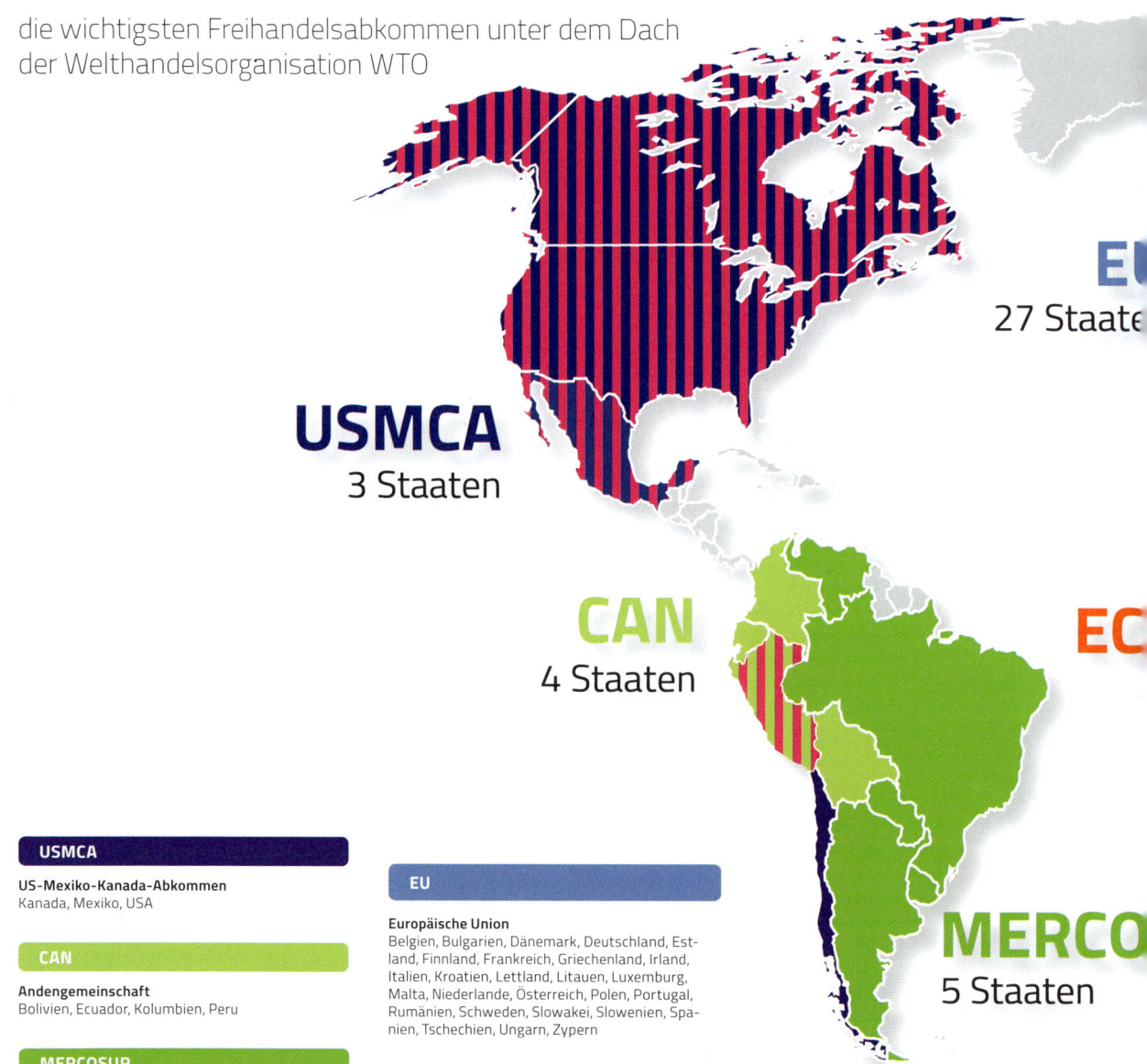

USMCA
3 Staaten

CAN
4 Staaten

EU
27 Staaten

EC

MERCO
5 Staaten

USMCA

US-Mexiko-Kanada-Abkommen
Kanada, Mexiko, USA

CAN

Andengemeinschaft
Bolivien, Ecuador, Kolumbien, Peru

MERCOSUR

Gemeinsamer Markt Südamerikas
Argentinien, Brasilien, Paraguay, Uruguay, Venezuela

ECOWAS

Westafrikanische Wirtschaftsgemeinschaft
Benin, Burkina-Faso, Elfenbeinküste, Gambia,
Ghana, Guinea, Guinea-Bissau, Kap Verde, Liberia,
Mali, Niger, Nigeria, Senegal, Sierra Leone, Togo

EU

Europäische Union
Belgien, Bulgarien, Dänemark, Deutschland, Est-
land, Finnland, Frankreich, Griechenland, Irland,
Italien, Kroatien, Lettland, Litauen, Luxemburg,
Malta, Niederlande, Österreich, Polen, Portugal,
Rumänien, Schweden, Slowakei, Slowenien, Spa-
nien, Tschechien, Ungarn, Zypern

EFTA

Europäische Freihandelszone
Island, Liechtenstein, Norwegen, Schweiz

CEFTA

Mitteleuropäisches Freihandelsabkommen
Albanien, Bosnien u. Herzegowina, Nordmazedo-
nien, Moldau, Montenegro, Serbien

SACU

Zollunion des südlichen Afrika
Botswana, Eswatini, Lesotho, Namibia, Südafrika

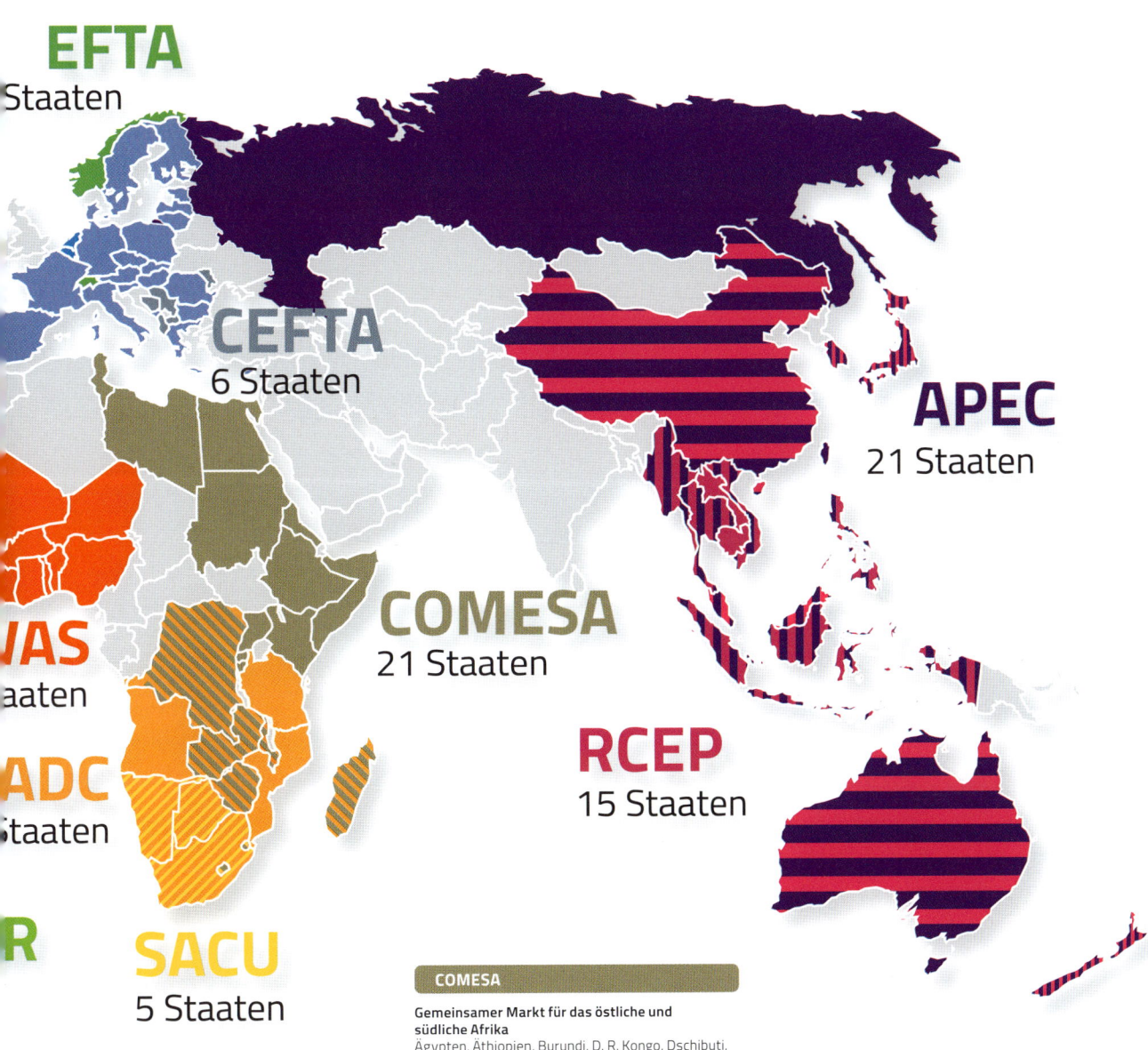

EFTA
Staaten

CEFTA
6 Staaten

COMESA
21 Staaten

RCEP
15 Staaten

APEC
21 Staaten

SACU
5 Staaten

…VAS
…aaten

…ADC
…Staaten

…R

COMESA

Gemeinsamer Markt für das östliche und
südliche Afrika
Ägypten, Äthiopien, Burundi, D. R. Kongo, Dschibuti,
Eritrea, Eswatini, Kenia, Komoren, Libyen, Madagas-
kar, Malawi, Mauritius, Ruanda, Sambia, Seychellen,
Simbabwe, Somalia, Sudan, Tunesien, Uganda

APEC

Asiatisch-Pazifische Wirtschaftsgemeinschaft
Australien, Brunei, Chile, China, Hongkong, Indonesien,
Japan, Kanada, Malaysia, Mexiko, Neuseeland, Papua-
Neuguinea, Peru, Philippinen, Russland,
Singapur, Südkorea, Taiwan, Thailand, USA, Vietnam

RCEP

Regionale, umfassende Wirtschaftspartnerschaft
Australien, Brunei, China, Indonesien, Japan, Kambo-
dscha, Laos, Malaysia, Myanmar, Neuseeland, Philippinen, Singapur, Südkorea, Thailand, Vietnam

SADC

Entwicklungsgemeinschaft des südlichen Afrika
Angola, Botswana, Dem. Rep. Kongo, Eswatini,
Komoren, Lesotho, Madagaskar, Malawi, Mauritius,
Mosambik, Namibia, Sambia, Seychellen, Simbabwe,
Südafrika, Tansania

Stand: 2020

Weltkarte der Länderrisiken

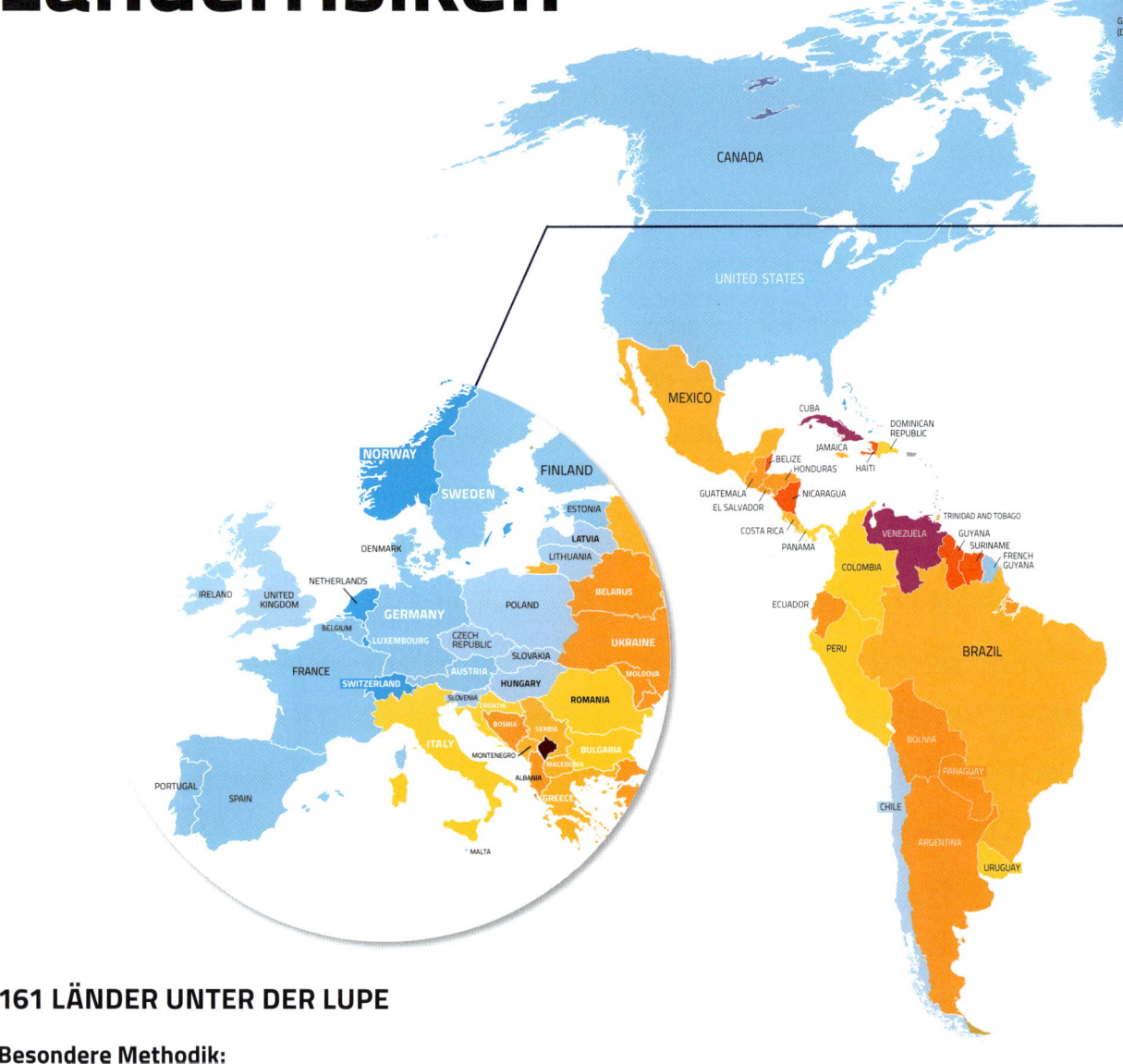

161 LÄNDER UNTER DER LUPE

Besondere Methodik:
- Makroökonomisches Know-how zur Länderbewertung
- Kenntnis und Einbezug des Geschäftsumfelds
- Mikroökonomische Daten aus über 70 Jahren Zahlungserfahrungen

Stand: Oktober 2019

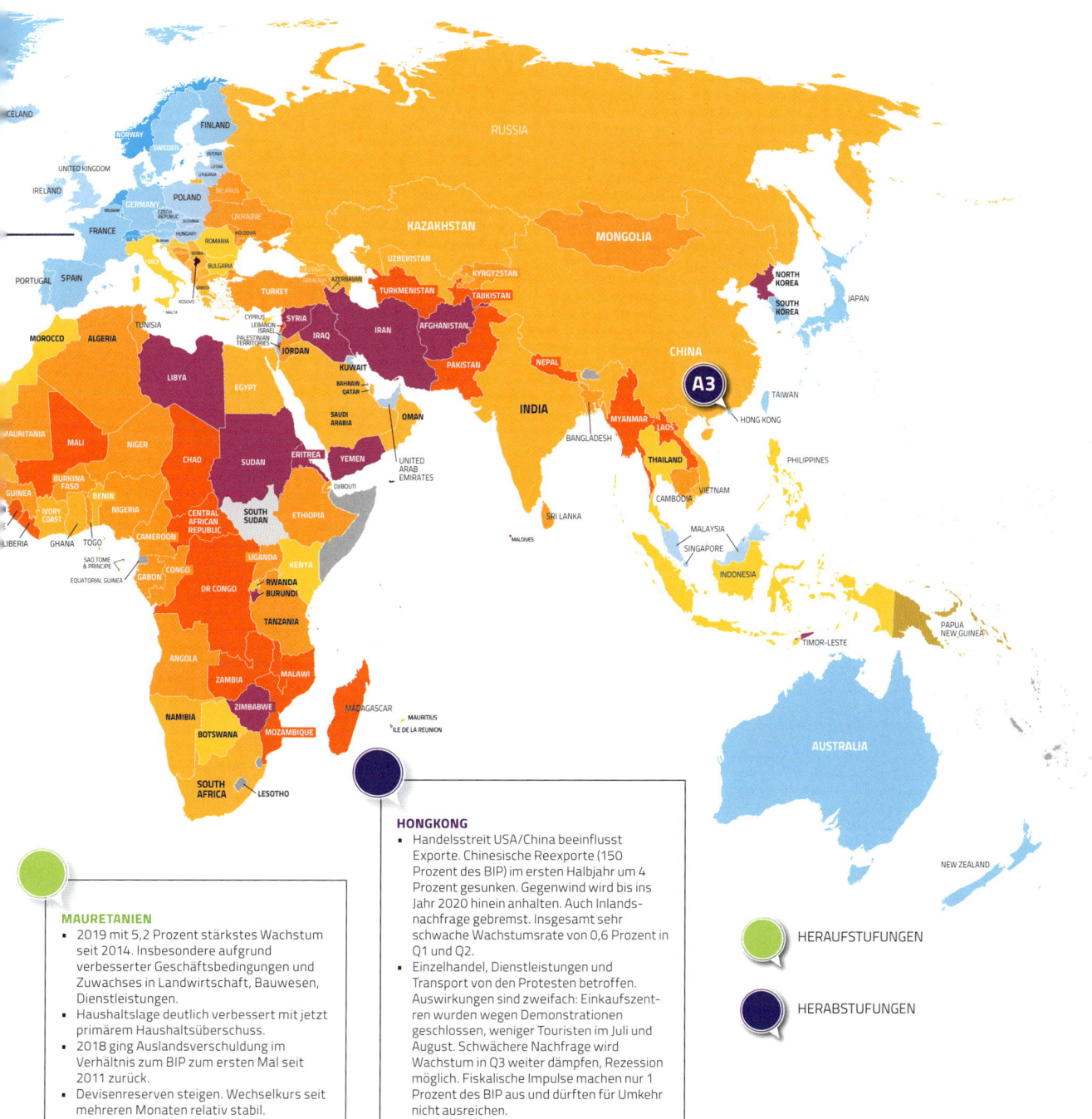

A1	A2	A3	A4	B	C	D	E
SEHR GERING	GERING	ZUFRIEDEN-STELLEND	NOCH AKZEPTABEL	RELATIV HOCH	HOCH	SEHR HOCH	EXTREM

HERAUFSTUFUNGEN

HERABSTUFUNGEN

MAURETANIEN
- 2019 mit 5,2 Prozent stärkstes Wachstum seit 2014. Insbesondere aufgrund verbesserter Geschäftsbedingungen und Zuwachses in Landwirtschaft, Bauwesen, Dienstleistungen.
- Haushaltslage deutlich verbessert mit jetzt primärem Haushaltsüberschuss.
- 2018 ging Auslandsverschuldung im Verhältnis zum BIP zum ersten Mal seit 2011 zurück.
- Devisenreserven steigen. Wechselkurs seit mehreren Monaten relativ stabil.

HONGKONG
- Handelsstreit USA/China beeinflusst Exporte. Chinesische Reexporte (150 Prozent des BIP) im ersten Halbjahr um 4 Prozent gesunken. Gegenwind wird bis ins Jahr 2020 hinein anhalten. Auch Inlands-nachfrage gebremst. Insgesamt sehr schwache Wachstumsrate von 0,6 Prozent in Q1 und Q2.
- Einzelhandel, Dienstleistungen und Transport von den Protesten betroffen. Auswirkungen sind zweifach: Einkaufszent-ren wurden wegen Demonstrationen geschlossen, weniger Touristen im Juli und August. Schwächere Nachfrage wird Wachstum in Q3 weiter dämpfen, Rezession möglich. Fiskalische Impulse machen nur 1 Prozent des BIP aus und dürften für Umkehr nicht ausreichen.

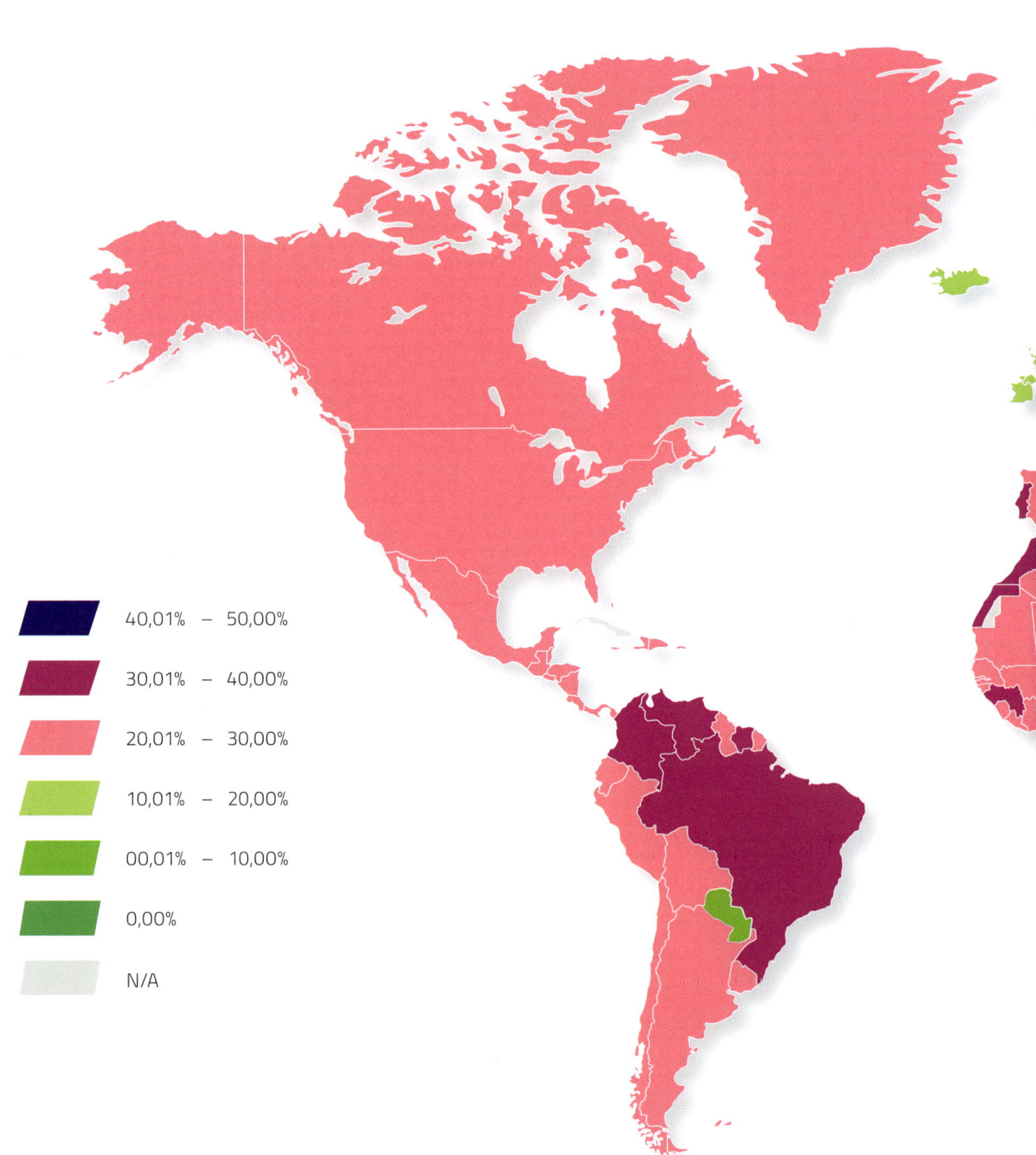

	40,01%	−	50,00%
	30,01%	−	40,00%
	20,01%	−	30,00%
	10,01%	−	20,00%
	00,01%	−	10,00%
	0,00%	
	N/A	

Gesetzliche Körperschaftssteuersätze

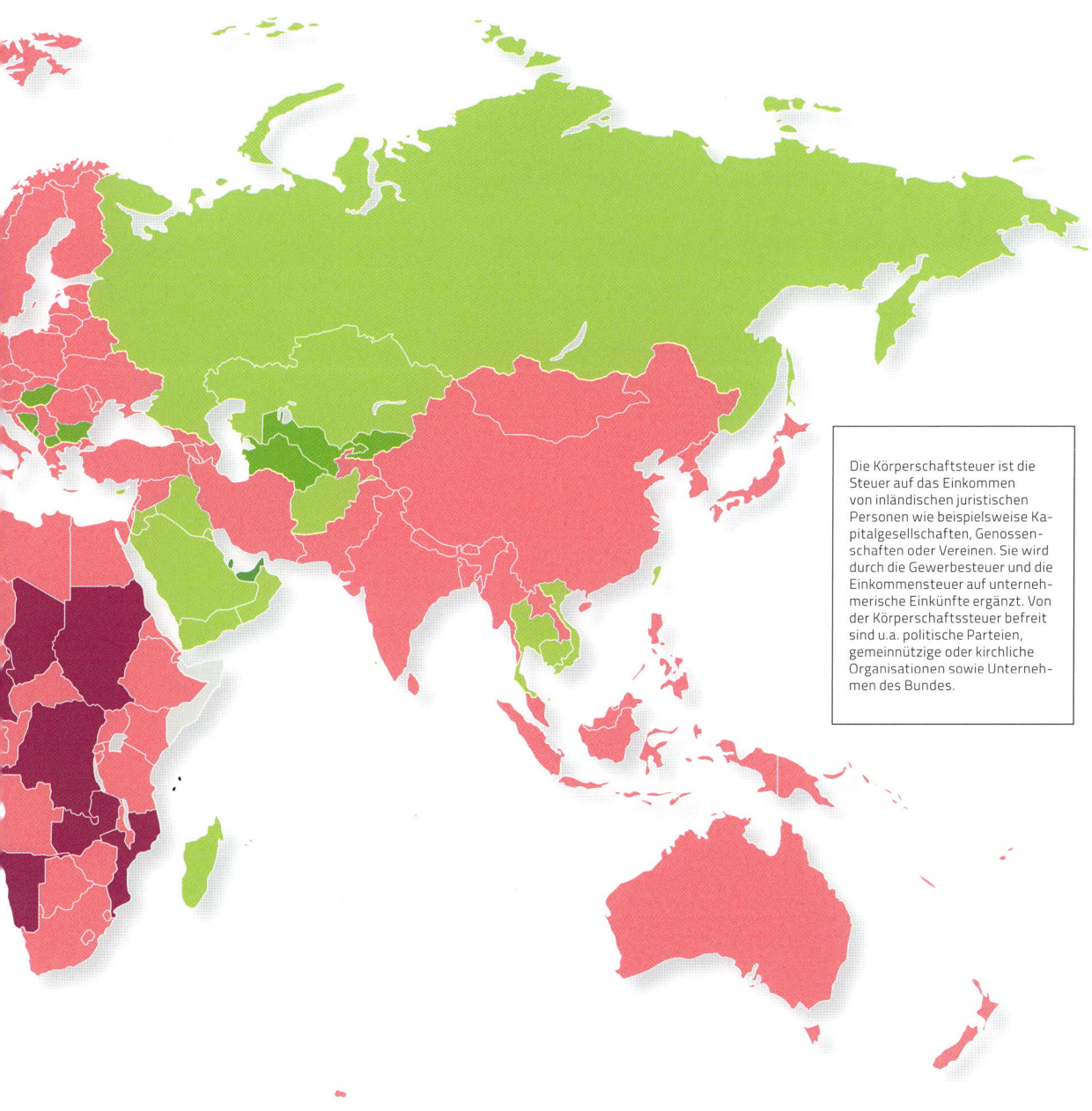

Die Körperschaftsteuer ist die Steuer auf das Einkommen von inländischen juristischen Personen wie beispielsweise Kapitalgesellschaften, Genossenschaften oder Vereinen. Sie wird durch die Gewerbesteuer und die Einkommensteuer auf unternehmerische Einkünfte ergänzt. Von der Körperschaftssteuer befreit sind u.a. politische Parteien, gemeinnützige oder kirchliche Organisationen sowie Unternehmen des Bundes.

Stand: 2020

ISLAND

VEREINIGTES KÖNIGREICH

IRLAND

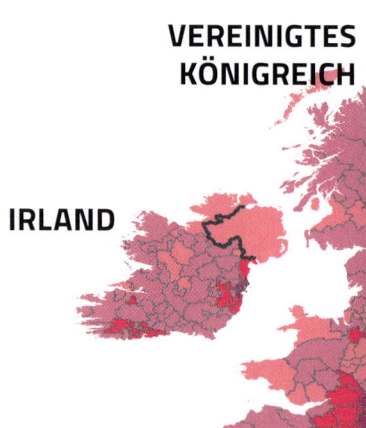

Kaufkraft
Europa

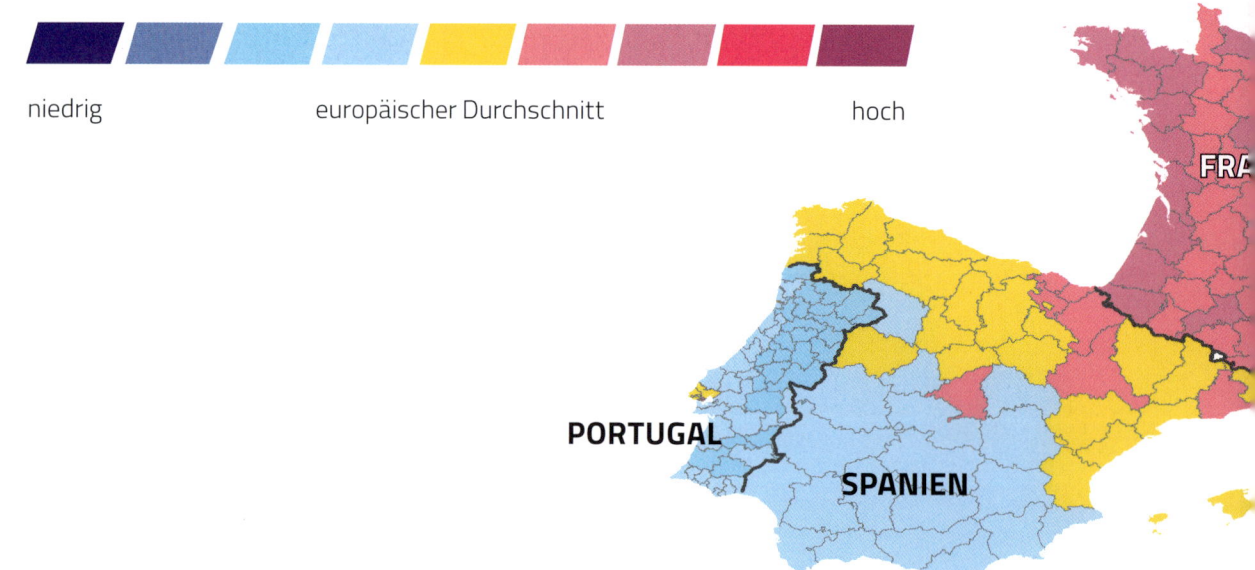

niedrig   europäischer Durchschnitt   hoch

FRA

PORTUGAL

SPANIEN

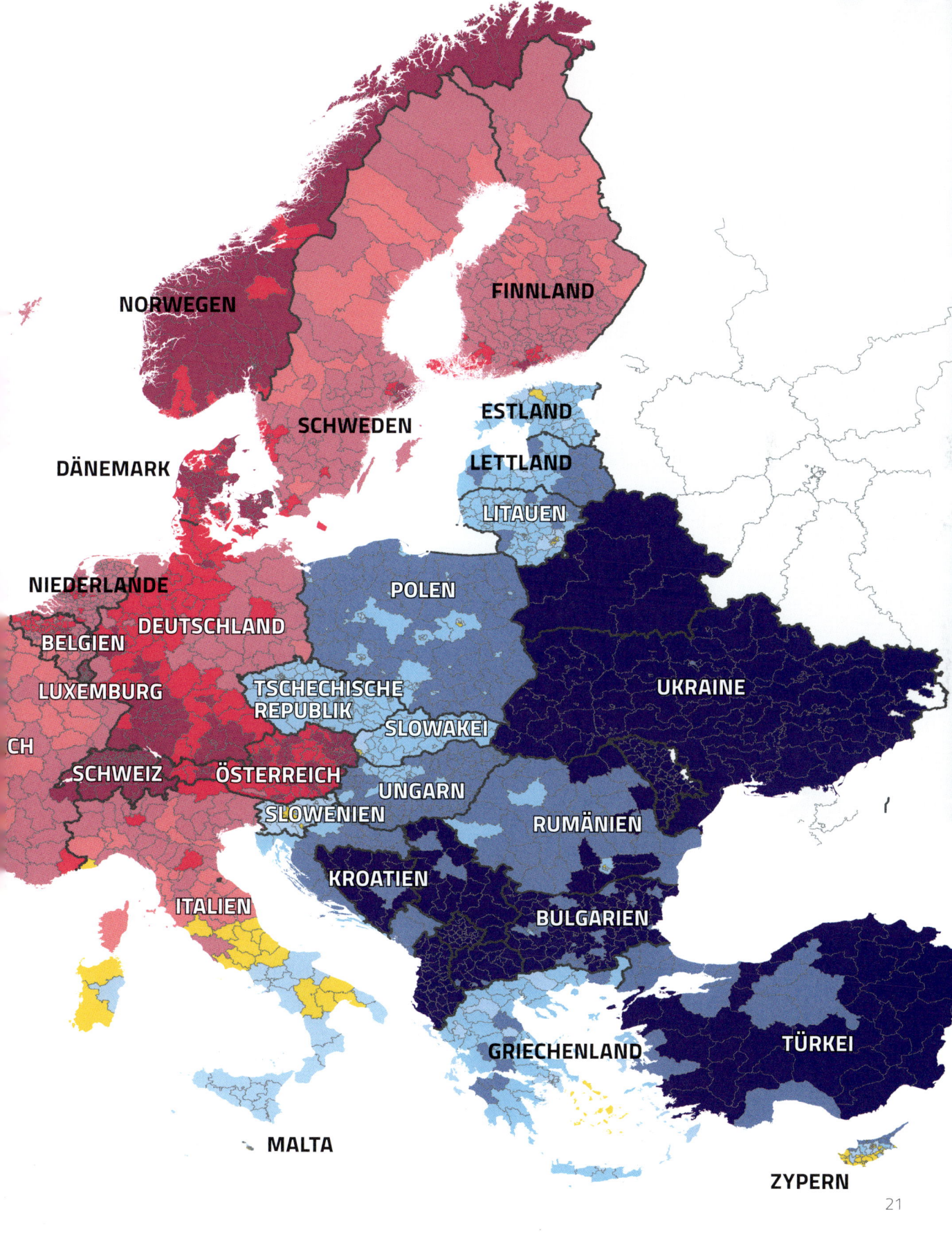

NORWEGEN

FINNLAND

SCHWEDEN

ESTLAND

DÄNEMARK

LETTLAND

LITAUEN

NIEDERLANDE

POLEN

BELGIEN

DEUTSCHLAND

LUXEMBURG

TSCHECHISCHE REPUBLIK

UKRAINE

SLOWAKEI

CH

SCHWEIZ

ÖSTERREICH

UNGARN

RUMÄNIEN

SLOWENIEN

KROATIEN

ITALIEN

BULGARIEN

TÜRKEI

GRIECHENLAND

MALTA

ZYPERN

21

Kaufkraft Deutschland

Kaufkraftindex je Einwohner

in den Stadt-/Landkreisen (Landesdurchschnitt = 100)

	unter	80
80	bis unter	88
88	bis unter	96
96	bis unter	104
104	bis unter	112
112	bis unter	120
120	und mehr	

Stand: 2020

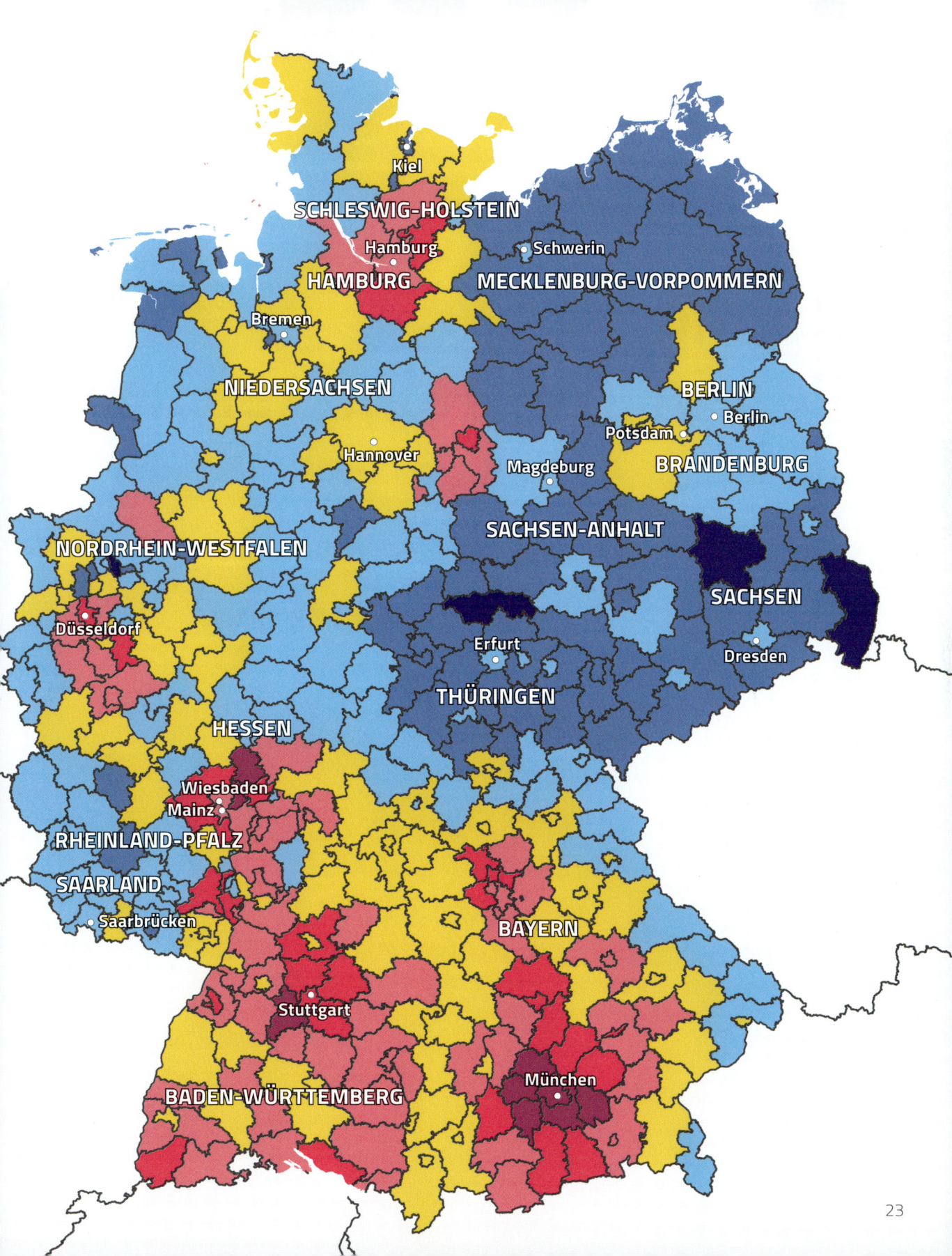

SCHLESWIG-HOLSTEIN

Kiel

Hamburg

HAMBURG

Schwerin

MECKLENBURG-VORPOMMERN

Bremen

NIEDERSACHSEN

BERLIN

Berlin

Potsdam

Hannover

Magdeburg

BRANDENBURG

NORDRHEIN-WESTFALEN

SACHSEN-ANHALT

Düsseldorf

SACHSEN

Erfurt

Dresden

HESSEN

THÜRINGEN

Wiesbaden

Mainz

RHEINLAND-PFALZ

SAARLAND

Saarbrücken

BAYERN

Stuttgart

München

BADEN-WÜRTTEMBERG

Kaufkraft
Vereinigtes Königreich

Kaufkraftindex je Einwohner

in den Bezirken (Landesdurchschnitt = 100)

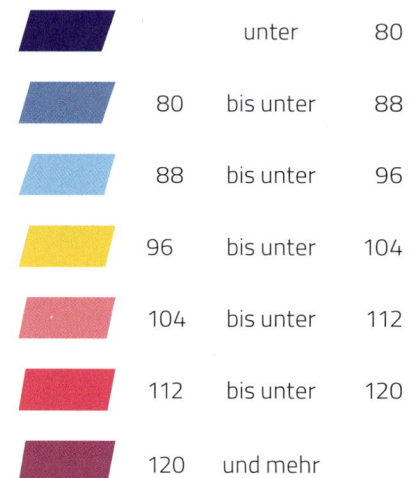

	unter	80
80	bis unter	88
88	bis unter	96
96	bis unter	104
104	bis unter	112
112	bis unter	120
120	und mehr	

Stand: 2020

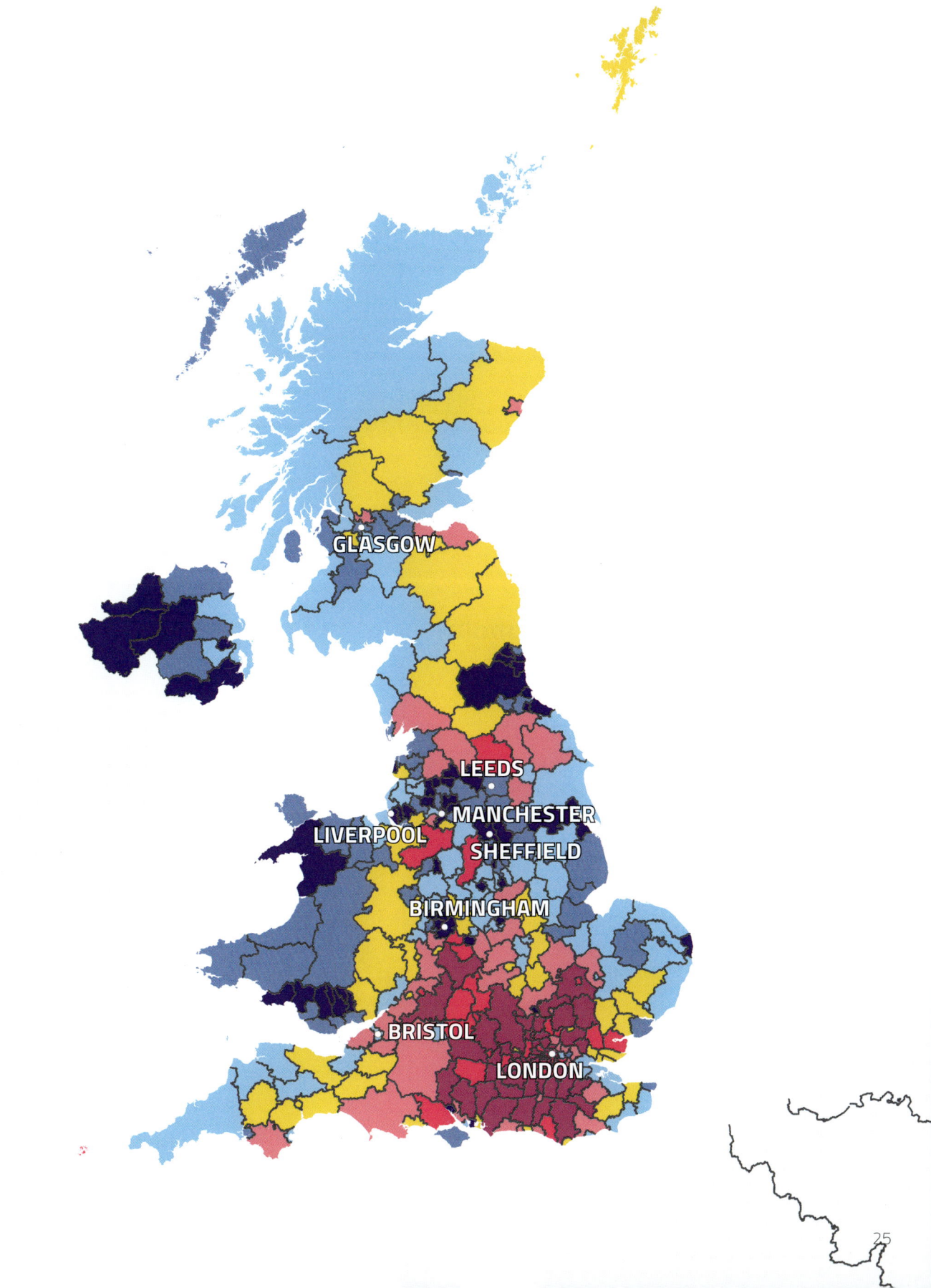

GLASGOW

LEEDS

MANCHESTER

LIVERPOOL

SHEFFIELD

BIRMINGHAM

BRISTOL

LONDON

Kaufkraft Schweiz

Kaufkraftindex je Einwohner

in den Bezirken (Landesdurchschnitt = 100)

	unter	80
80	bis unter	88
88	bis unter	96
96	bis unter	104
104	bis unter	112
112	bis unter	120
120	und mehr	

Stand: 2021

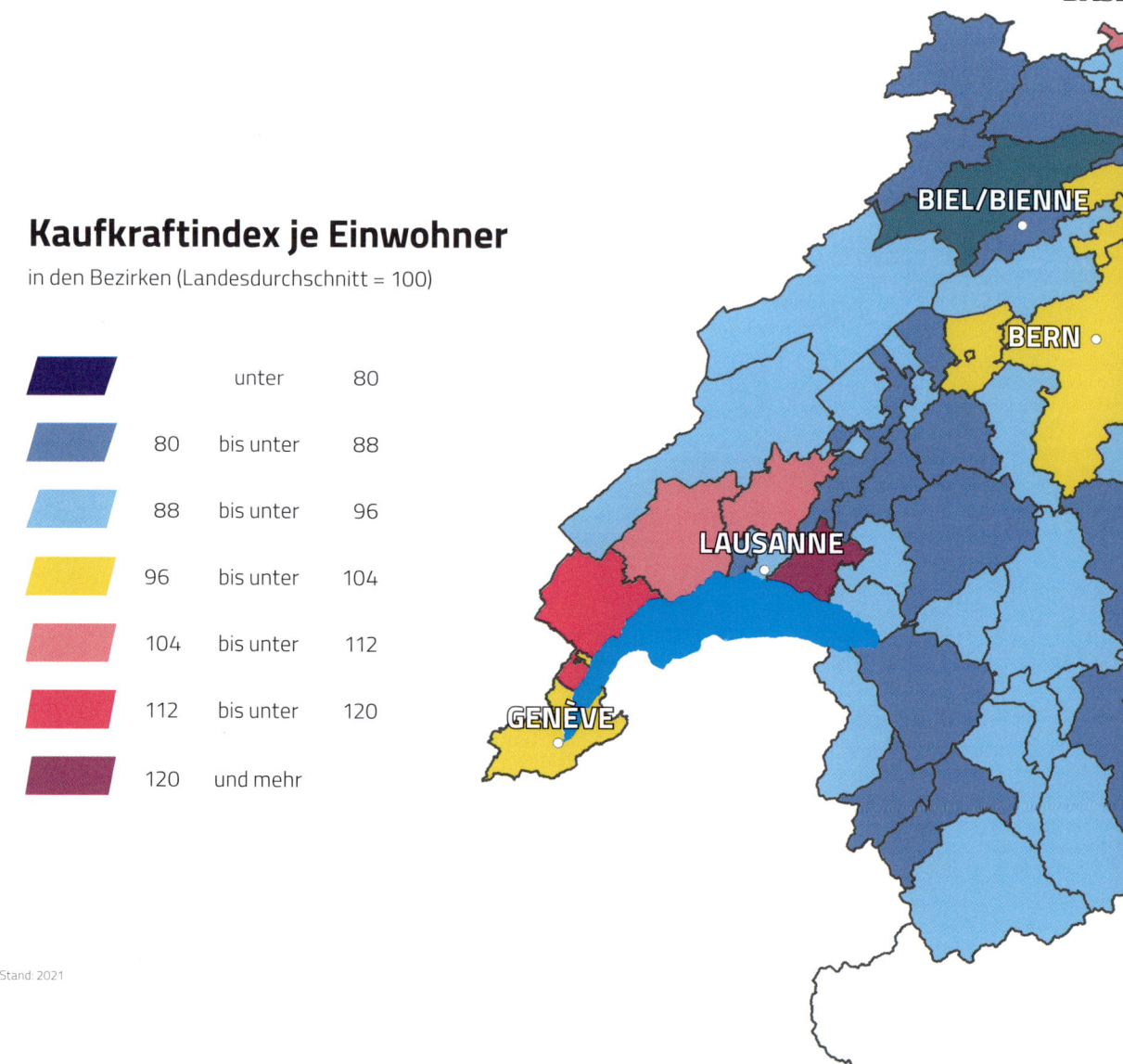

26

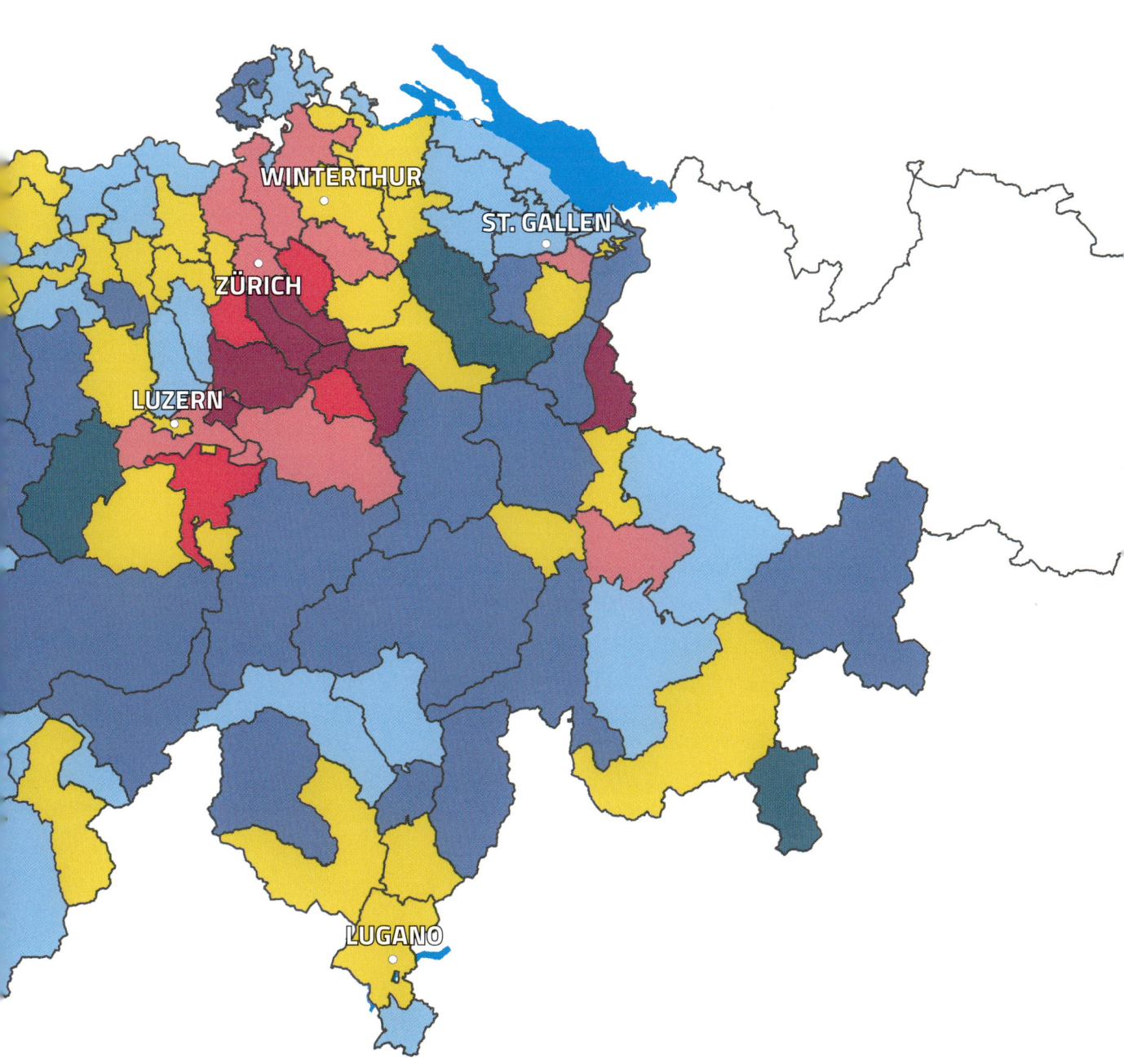

Kaufkraft Österreich

Kaufkraftindex je Einwohner

in den Bezirken (Landesdurchschnitt = 100)

	unter		80
80	bis unter		88
88	bis unter		96
96	bis unter		104
104	bis unter		112
112	bis unter		120
120	und mehr		

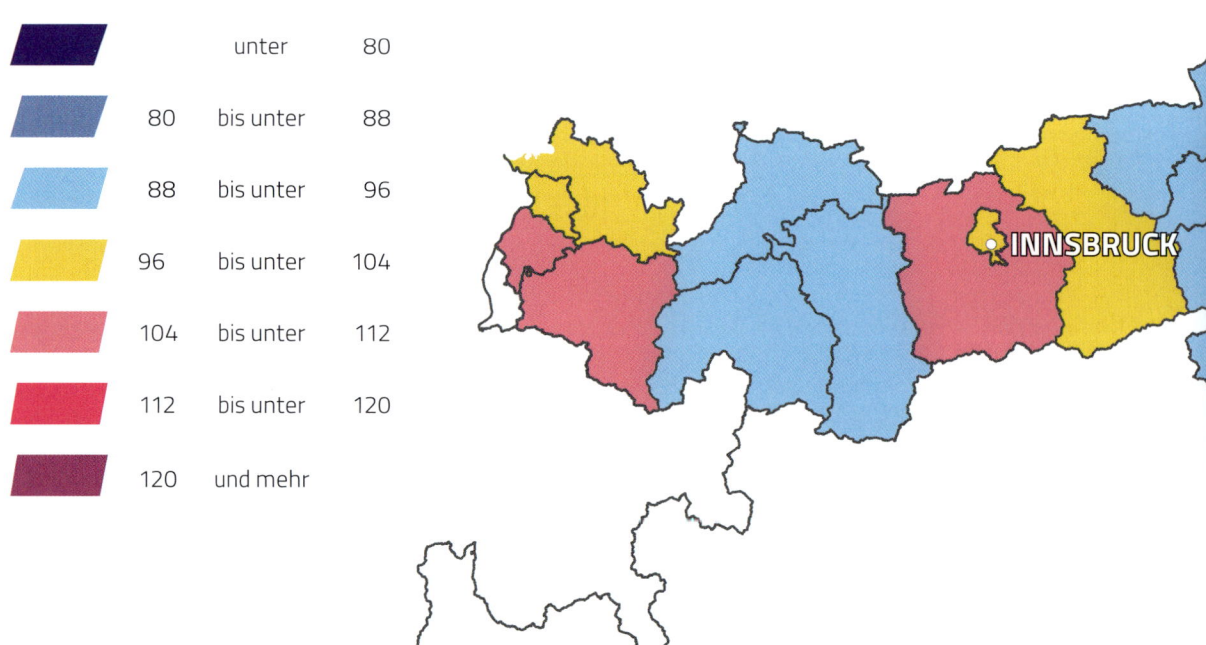

Stand: 2021

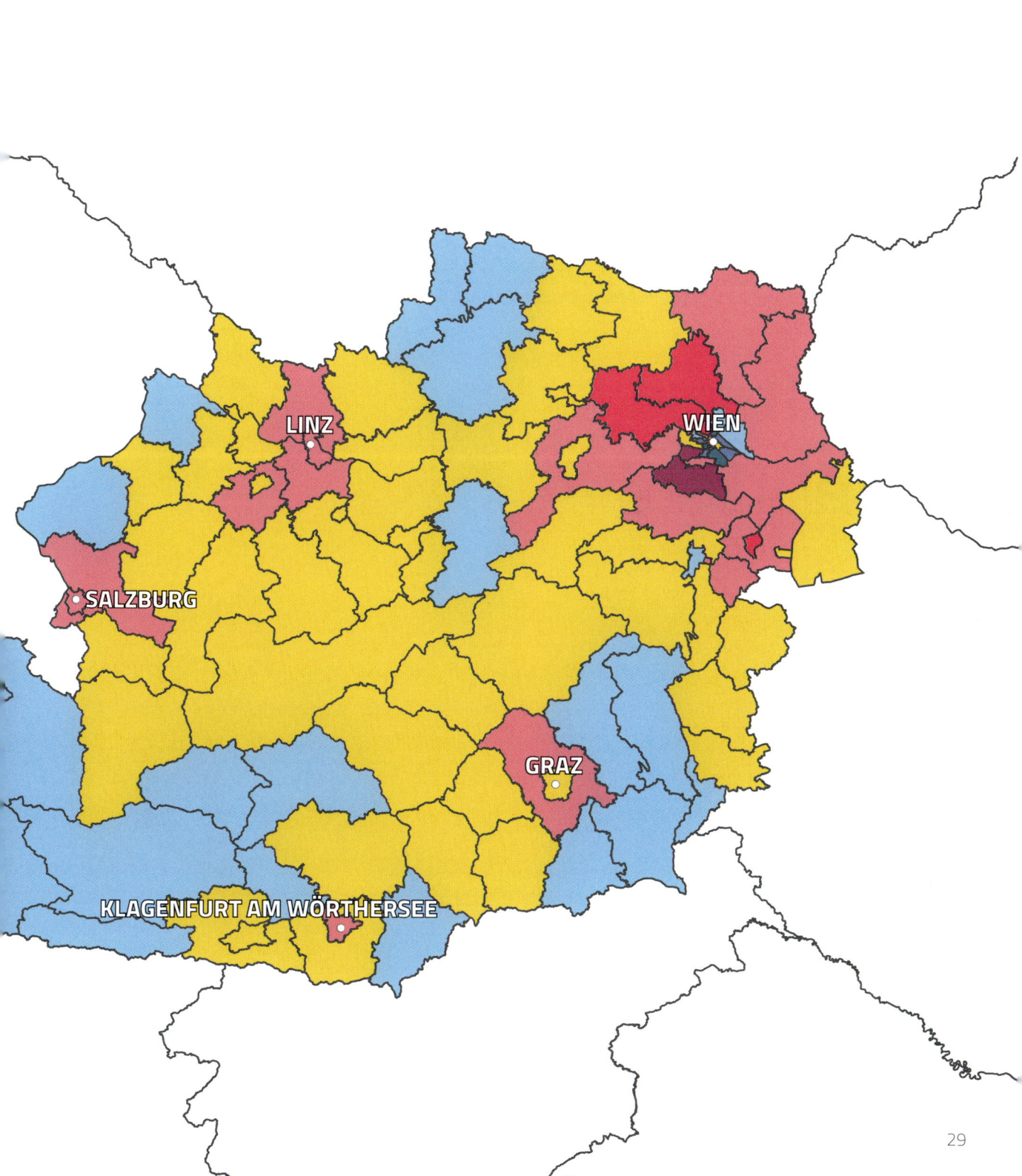

LINZ

SALZBURG

WIEN

GRAZ

KLAGENFURT AM WÖRTHERSEE

Welt-
währungen

Symbol	Farbe	Währung
$		Dollar
€		Euro
¥		Yen/Yuan
£		Pfund
₽		Rubel
₹		Rupien
₣		Franc
₱		Peso
		Andere

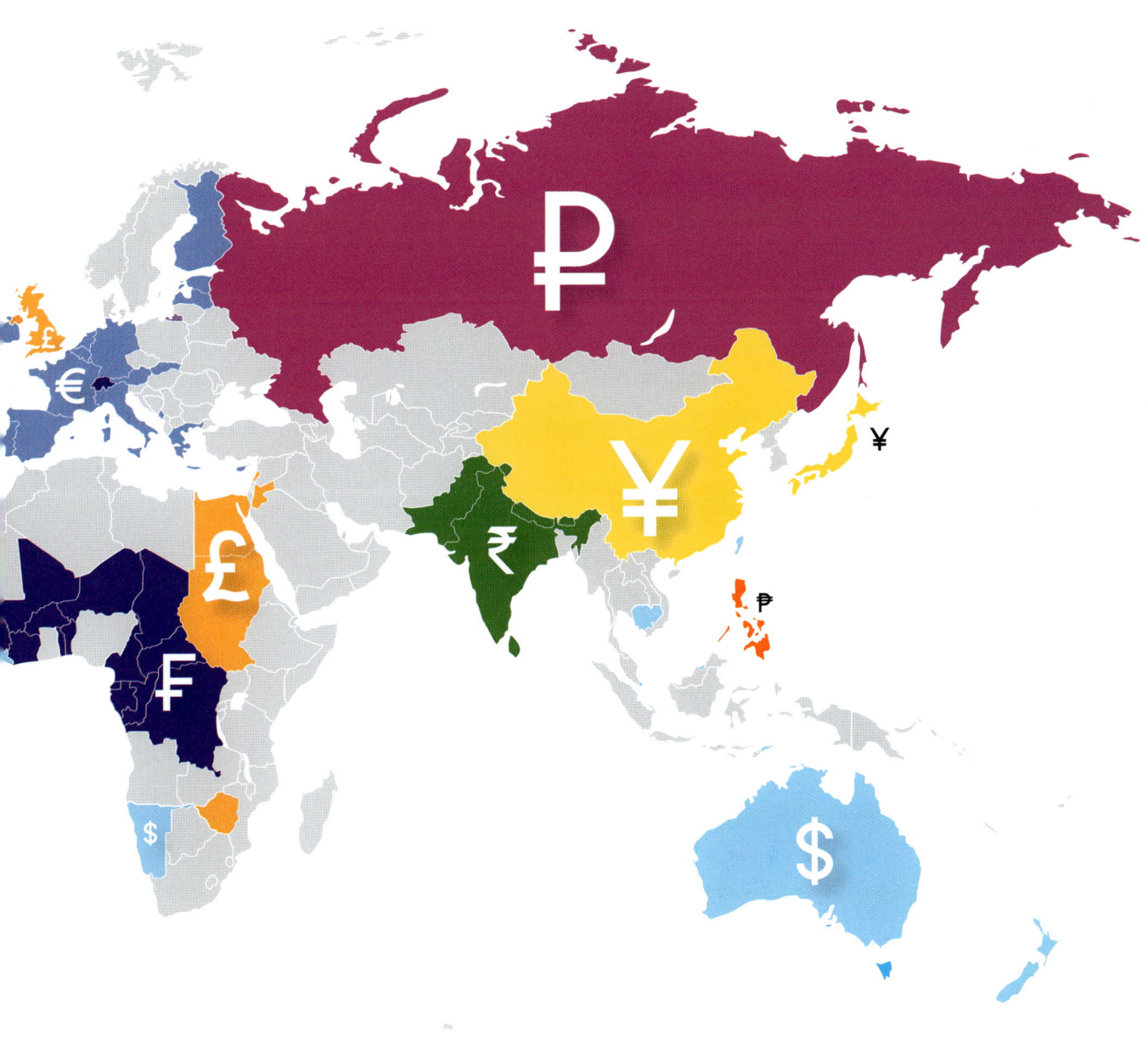

Stand: 2021

Japanische Zentralbank (BoJ) 🔴

Europäische Zentralbank (EZB) 🇪🇺

US-Zentralbank (Fed) 🇺🇸

Schweizerische Nationalbank (SNB) 🇨🇭

Zentralbank des Vereinigten Königreichs Großbritannien und Nordirland (BoE) 🇬🇧

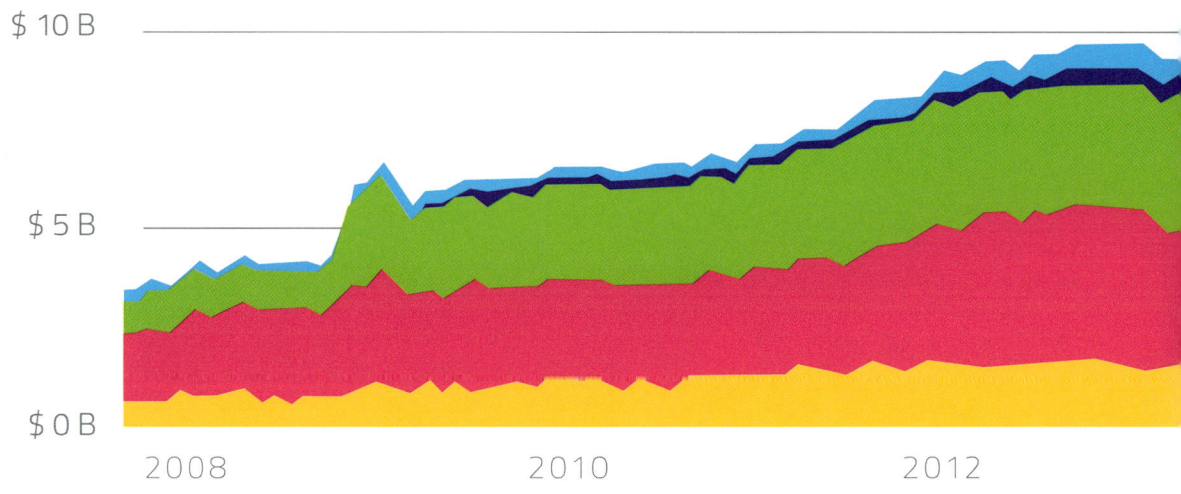

$ 25 B

$ 20 B

$ 15 B

$ 10 B

$ 5 B

$ 0 B

2008   2010   2012

Stand 2020

Bilanzen
der Zentralbanken

in US-Dollar

Die Zentralbanken kauften Finanztitel
in Billionenhöhe, um den wirtschaftlichen Schaden der Corona-Pandemie
abzumildern.

014   2016   2018   2020

Historische Perspektiven

Dow Jones Industrial Average 1901 – 2021

logarithmisch

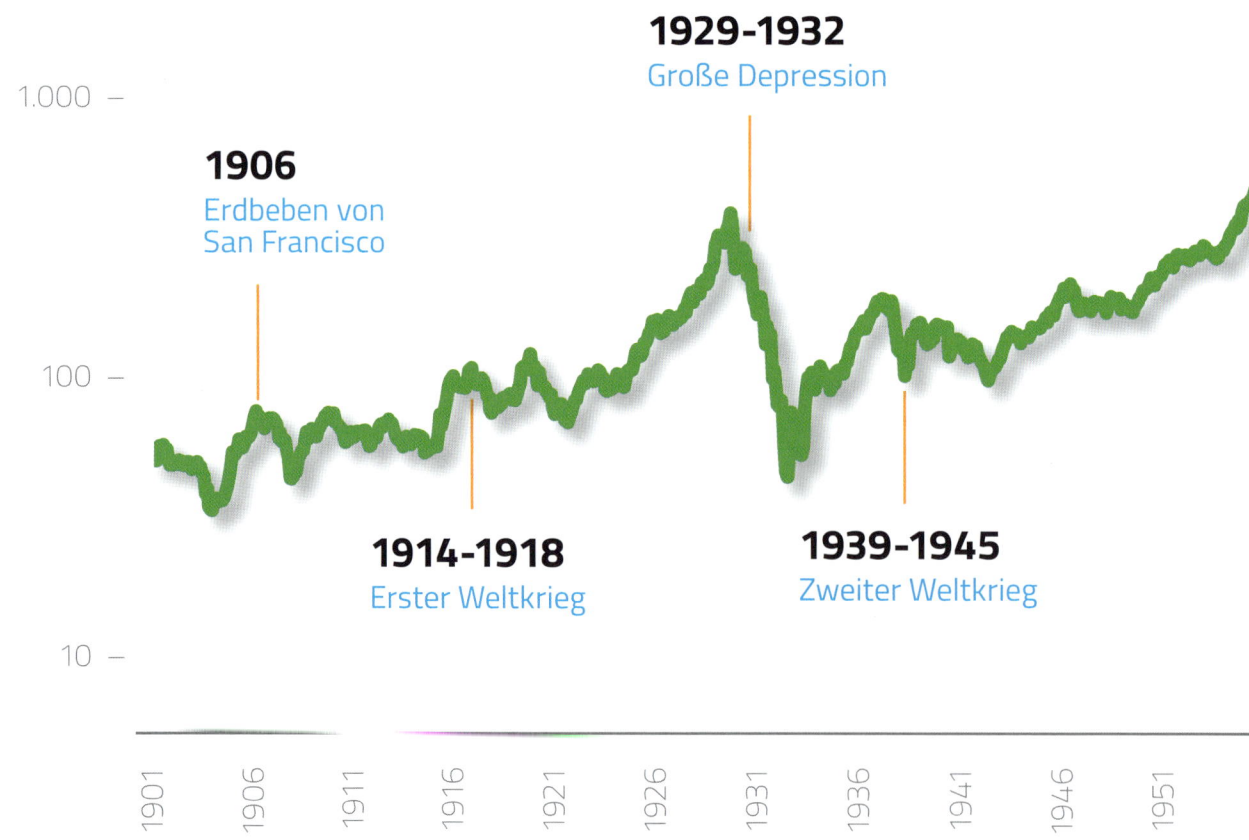

100.000

10.000

1.000

1929-1932
Große Depression

1906
Erdbeben von
San Francisco

100

1914-1918
Erster Weltkrieg

1939-1945
Zweiter Weltkrieg

10

1901 1906 1911 1916 1921 1926 1931 1936 1941 1946 1951

Stand: 2021

1998
Asienkrise

11.3.2011
Fukushima

2000-2003
Platzen der
Internetblase

2003
Golf-Krieg

Oktober 1987
Schwarzer
Montag

1964-1975
Vietnam-Krieg

962
uba-
rise

1979/80
Zweite Ölkrise

2020
Corona-
Crash

1990/91
Golf-Krieg

11.9.2001
Terrorwelle in
den USA

2008
Finanzkrise

1986
Tschernobyl

1973/74
Erste Ölkrise

1963
Ermordung
John F. Kennedys

1966   1971   1976   1981   1986   1991   1996   2001   2006   2011   2016   2021

Die DAX-Allzeithochs

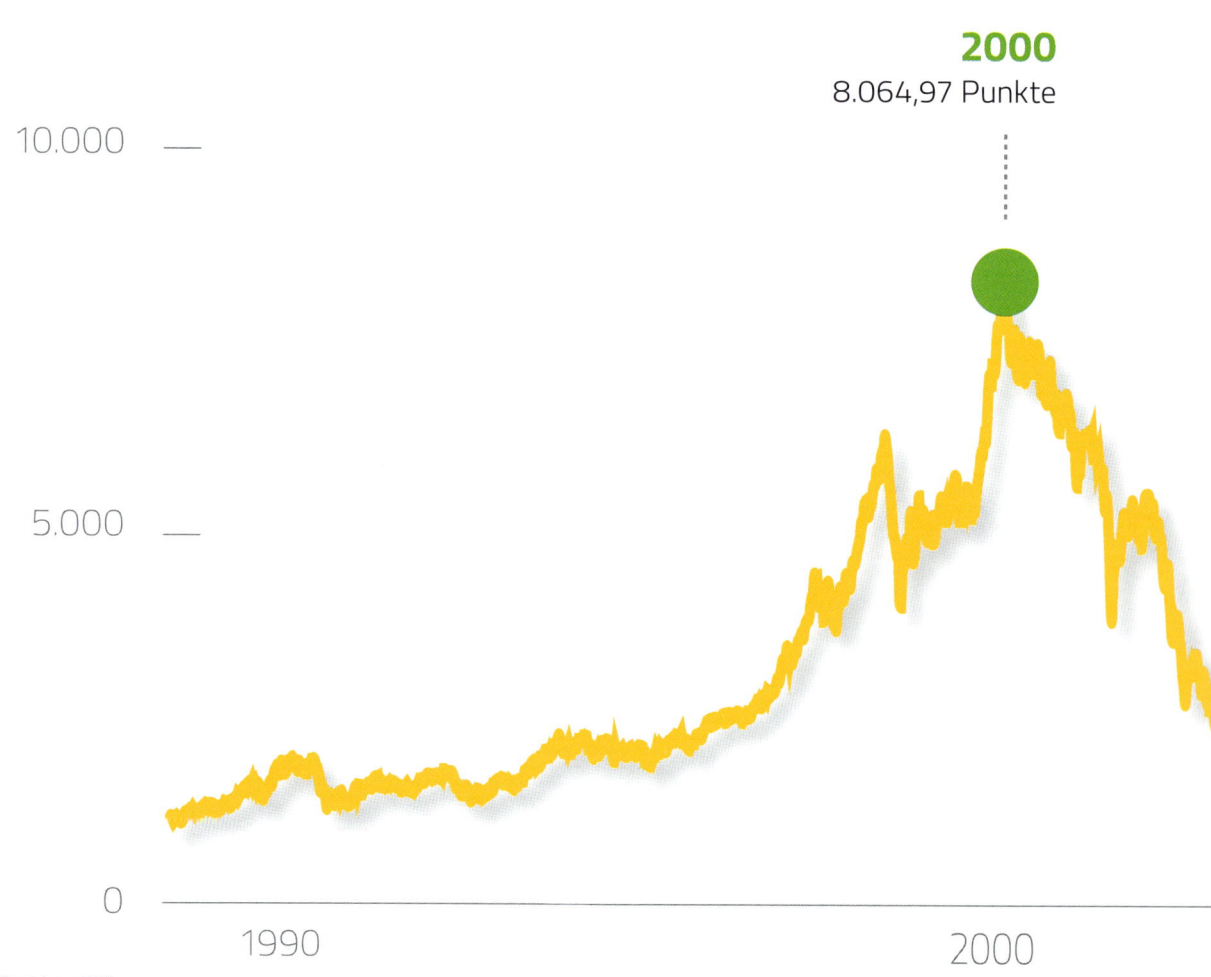

15.000 —

2000
8.064,97 Punkte

10.000 —

5.000 —

0

1990

2000

Stand: August 2021

2021
15.790,51 Punkte

2007
8.105,69 Punkte

2010

2020

Handelstage

1   10

CORONA-CRASH 2020

117 Handelstage

SCHWARZER MONTAG 1987

402 Handelstage

34% Absturz

GLOBALE FINANZKRISE 2008

1.379 Handelstage

29% Absturz

DOTCOM-BLASE 2000

1.808 Handelstage

ÖLKRISE 1973

1.899 Handelstage

SCHWARZER DIENSTAG 1929

7.256 Handelstage

Die größten Crashs aller Zeiten

Einbrüche des S&P 500 Index

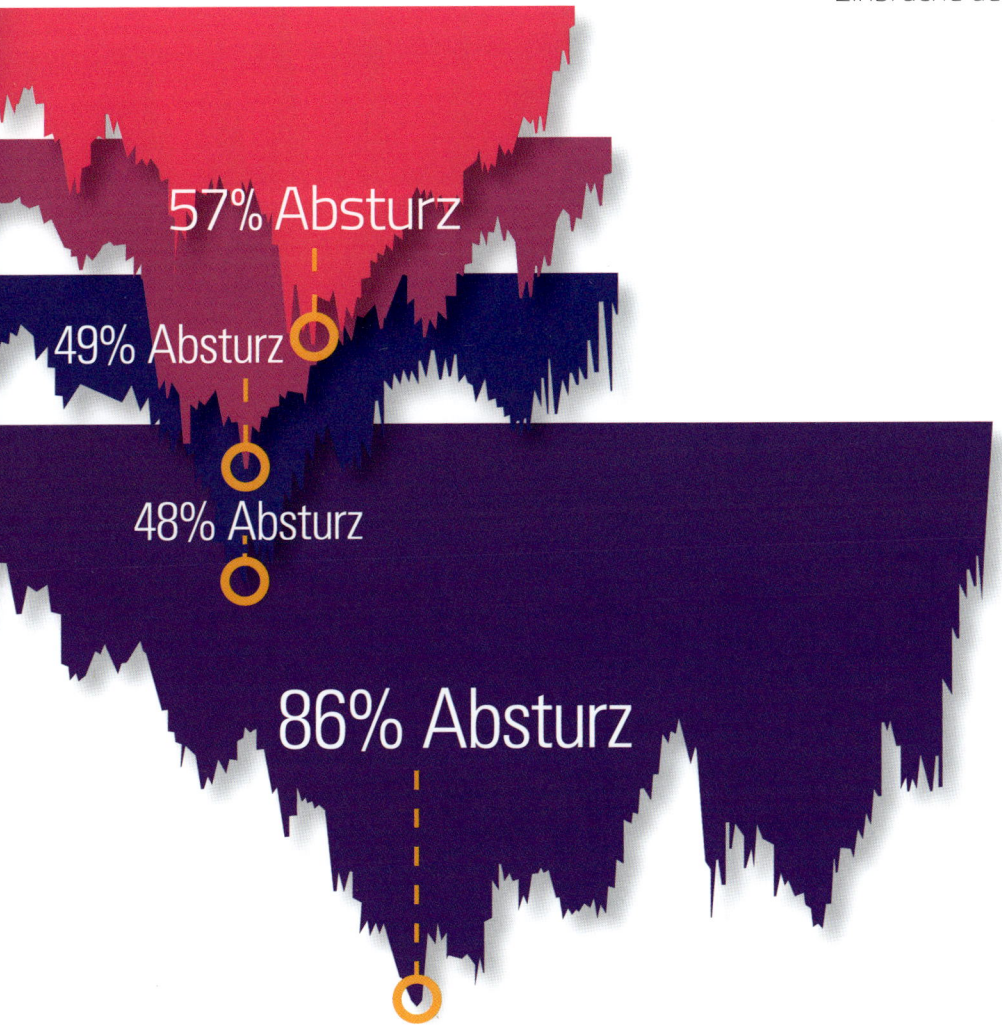

57% Absturz

49% Absturz

48% Absturz

86% Absturz

Stand: August 2021

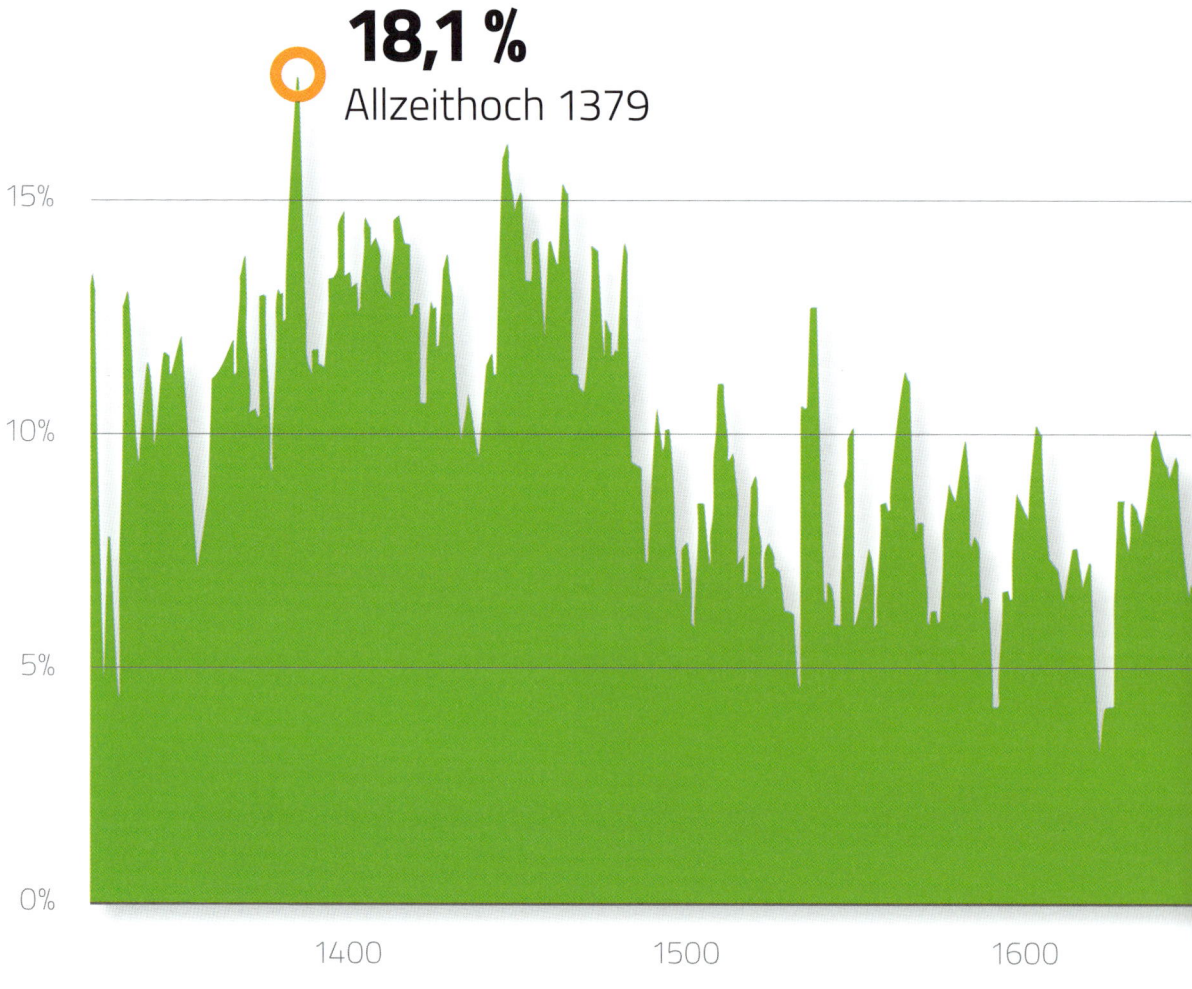

18,1 %
Allzeithoch 1379

15%

10%

5%

0%

−5%

1400   1500   1600

Stand: 2021

Historische Zinssätze 1317 – 2018

Globaler Realzins in Prozent

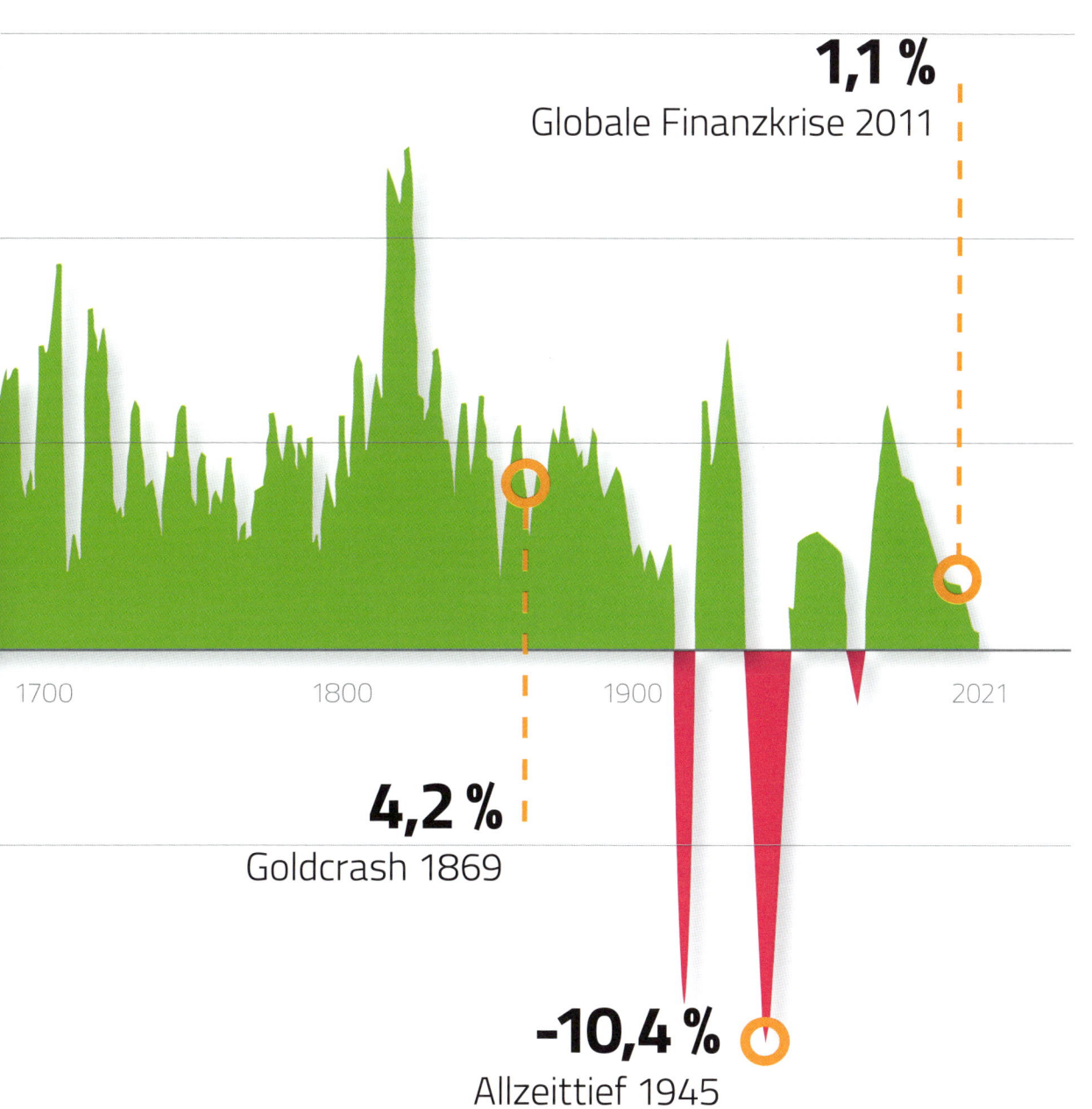

1,1 %
Globale Finanzkrise 2011

4,2 %
Goldcrash 1869

-10,4 %
Allzeittief 1945

1700   1800   1900   2021

1 Industrieunternehmen

2 Rohstoffhändler

6 Banken

2 Versorger

4 Technologie-Konzerne

5 Telekommunikations-unternehmen

2 Konsumgüter

1 Autobauer

2 Energiekonzerne

JAPAN AIRLINES

HENGSHI MINING

AGRICULTURAL BANK

ÉLECTRICITÉ DE FRANCE

ALIBABA

GLENCORE

FRANCE TELECOM

BANK OF CHINA

AGRICULTURAL BANK

KRAFT FOODS

DAI-ICHI LIFE

ROSNEFT OIL COMPANY

AT&T WIRELESS GROUP

JAPAN TOBACCO

ICBC

FACEBOOK

GENERLA MOTORS

AIA GROUP

DEUTSCHE TELEKOM

VISA

SOFTBANK

ALIBABA

ENEL SPA

3AUDI ARAMCO

NTT MOBILE

ANT GROUP

Stand: 2020

5 M SEP 2012

$ 10,4 M NOV 2013

$ 10,6 M JUL 2010

$ 11,0 M NOV 2005

$ 11,3 M NOV 2019

$ 11,5 M MAI 2011

$ 11,7 M OKT 1997

$ 11,88 M MAI 2006

$ 12,4 M JUL 2010

$ 12,7 M JUN 2001

$ 13,2 M MÄR 2010

$ 13,3 M JUL 2006

$ 16,1 M ARP 2000

$ 16,7 M OKT 1994

$ 18,1 M OKT 2006

$ 18,1 M MAI 2012

$ 18,8 M NOV 2010

$ 21,2 M OKT 2010

$ 22,1 M DEZ 2018

$ 21,8 M MÄR 2008

$ 22,1 M DEZ 2018

$ 23,9 M SEP 2014

$ 25,5 M NOV 1999

$ 25,9 M DEZ 2019

$ 28,7 M OKT 1998

$ 34,5 M (VERZÖGERT)

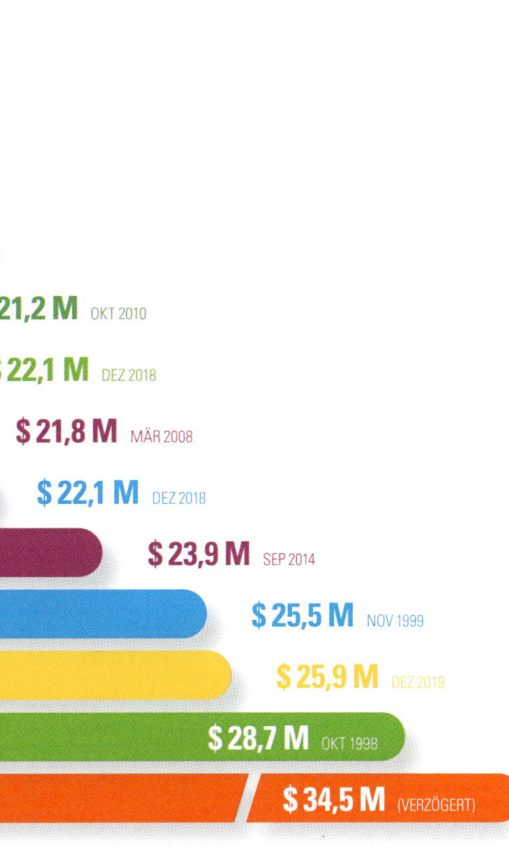

Die größten Börsengänge der Welt

inflationsbereinigt

200 Jahre Branchen-rotation an der US-Börse

Bedeutung der Sektoren

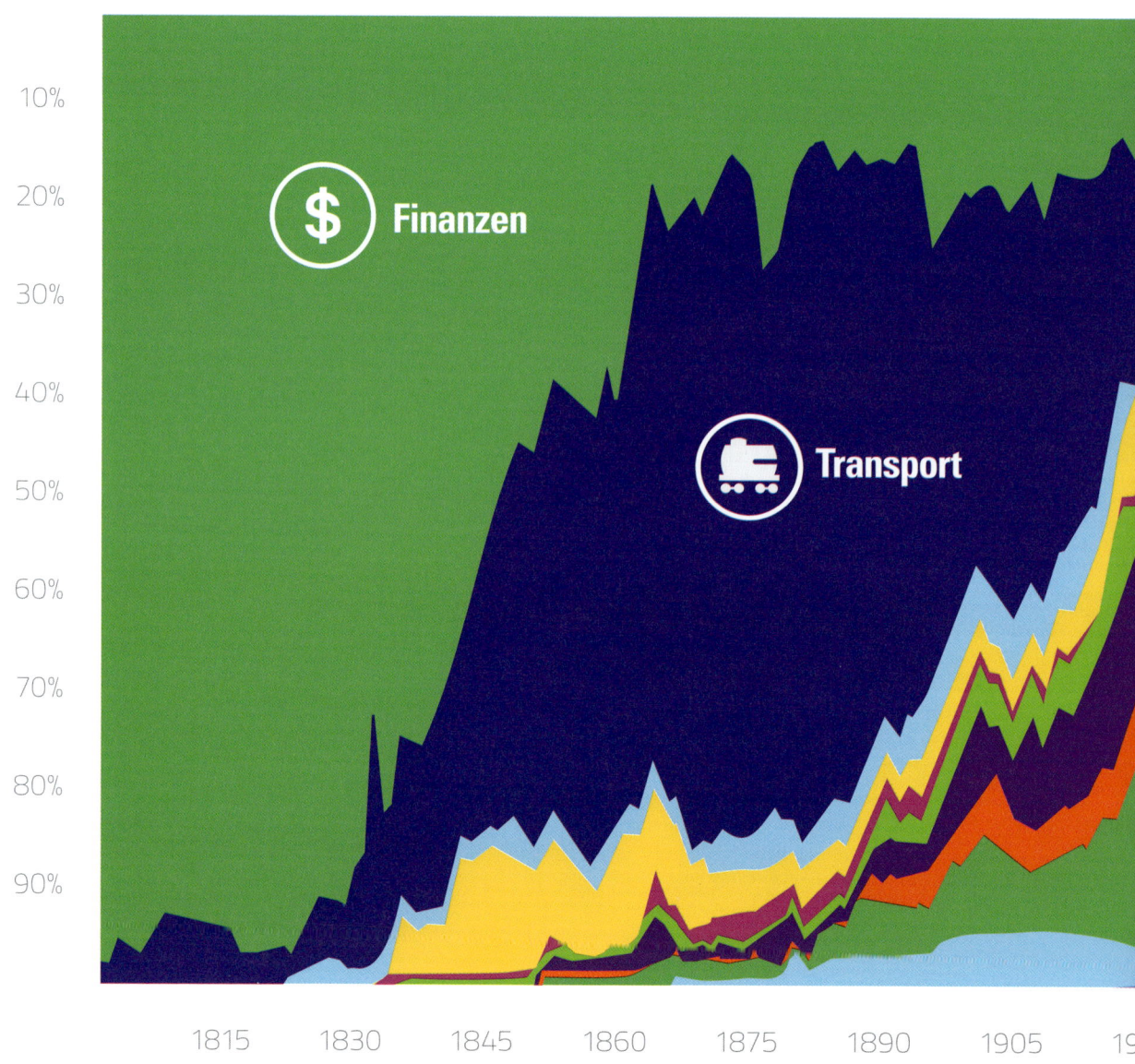

Stand: 2020

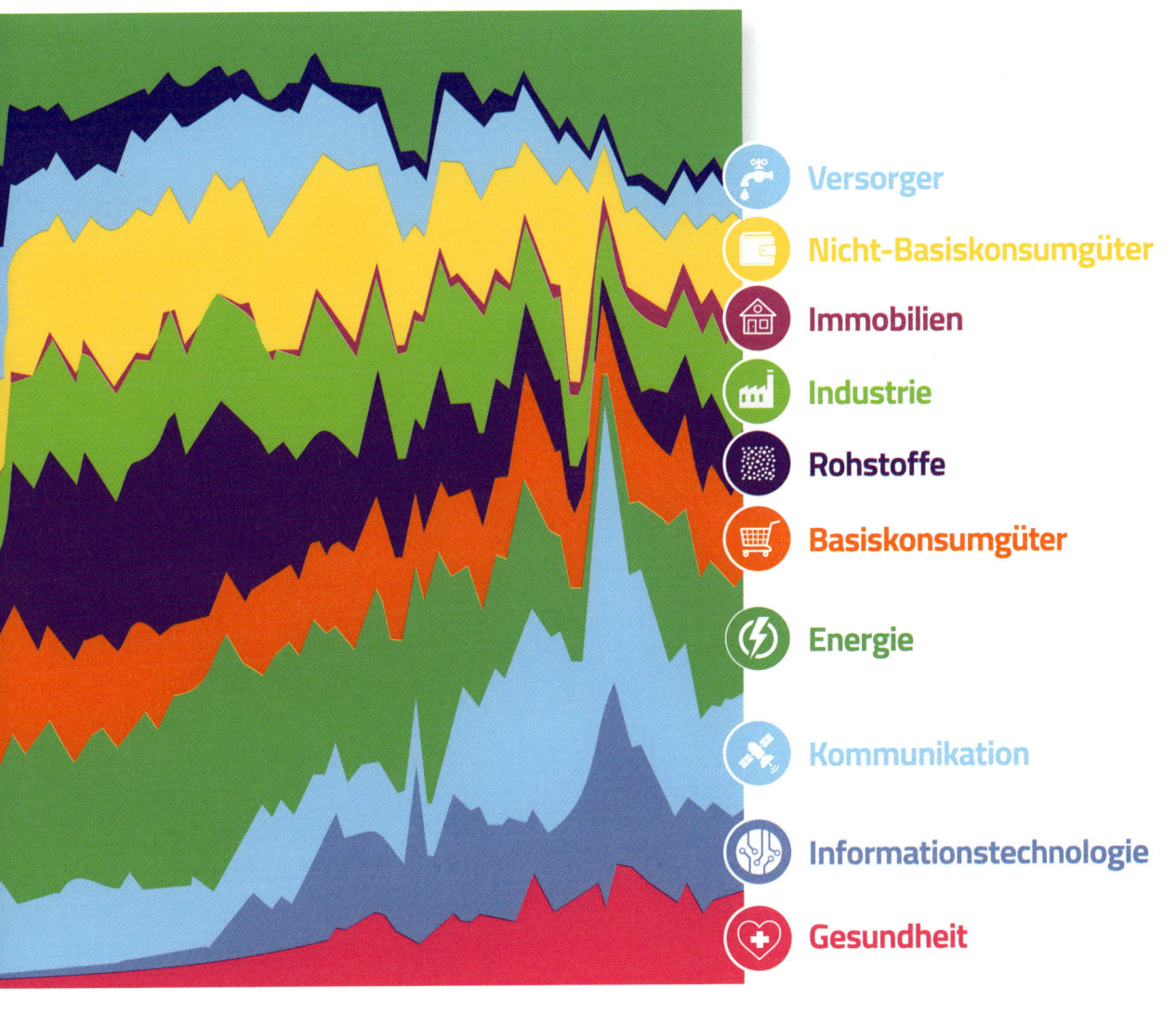

Versorger

Nicht-Basiskonsumgüter

Immobilien

Industrie

Rohstoffe

Basiskonsumgüter

Energie

Kommunikation

Informationstechnologie

Gesundheit

935   1950   1965   1980   1995   2010

Branchenrotation im letzten Jahrhundert

Finanzen

Transport **38%**

Versorger

Nicht-Basiskonsumgüter

Immobilien

Industrie

Rohstoffe

Basiskonsumgüter

Energie

Kommunikation

Informationstechnologie

Gesundheit

Im Laufe des letzten Jahrhunderts haben wichtige Sektoren wie das Transportwesen ihren Glanz verloren.

Gleichzeitig hat die technologische Entwicklung dazu geführt, dass ganz neue Branchen wie die Informationstechnologie und das Gesundheitswesen an Bedeutung gewonnen haben.

40 %

Stand: 2020

1900 — 2018

1900		2018
20%	$	19%
	train	2%
6%	water tap	3%
4%	wallet	10%
1%	house	3%
5%	factory	8%
8%	textile	5%
5%	shopping cart	8%
8%	energy	7%
5%	satellite	14%
	circuit	12%
	health	9%

30 %   20 %   10 %   10 %   20 %   30 %

Die größten Unternehmen der Welt

Marktkapitalisierung in Milliarden US-Dollar

Tech

Öl/Energie

Finanzen

Einzelhandel

Konglomerate

Pharma

2005

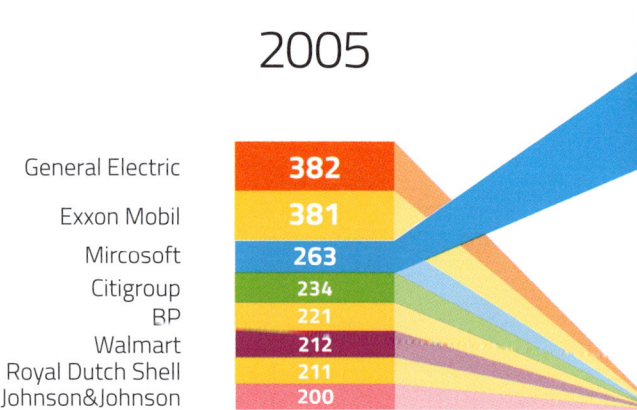

General Electric	382
Exxon Mobil	381
Mircosoft	263
Citigroup	234
BP	221
Walmart	212
Royal Dutch Shell	211
Johnson&Johnson	200

Stand: 31. März 2005 und 20. August 2020

2020

Value	Company
2.023	Apple
2.002	Saudi Aramco
1.652	Amazon
1.624	Microsoft
1.075	Alphabet
766	Facebook
706	Alibaba
639	Tencent

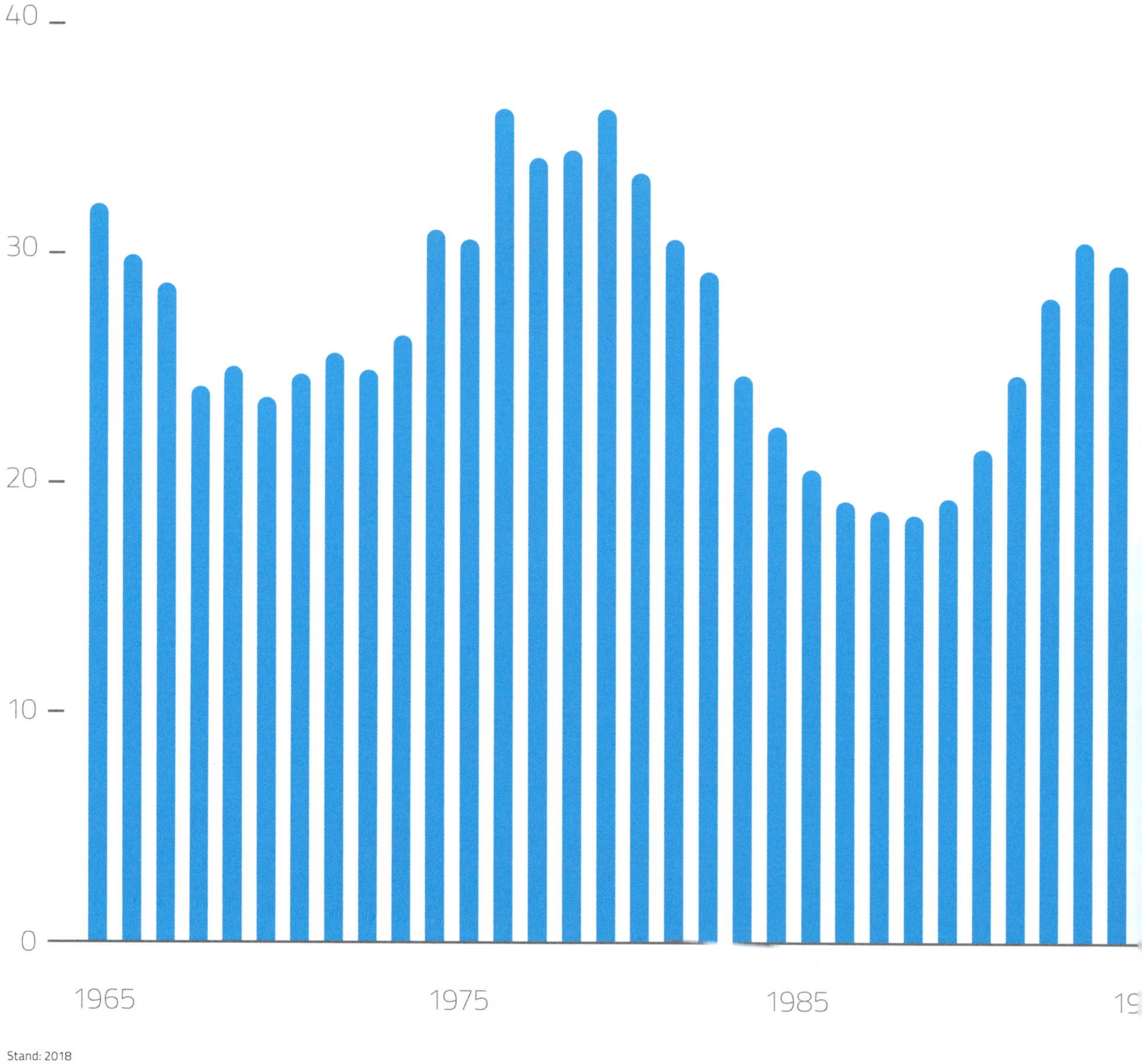

40 —

30 —

20 —

10 —

0

1965   1975   1985   19

Stand: 2018

Durchschnittliche Unternehmenslebensdauer im S&P 500

berechnet auf der Grundlage eines rollierenden 7-Jahres-Durchschnitts

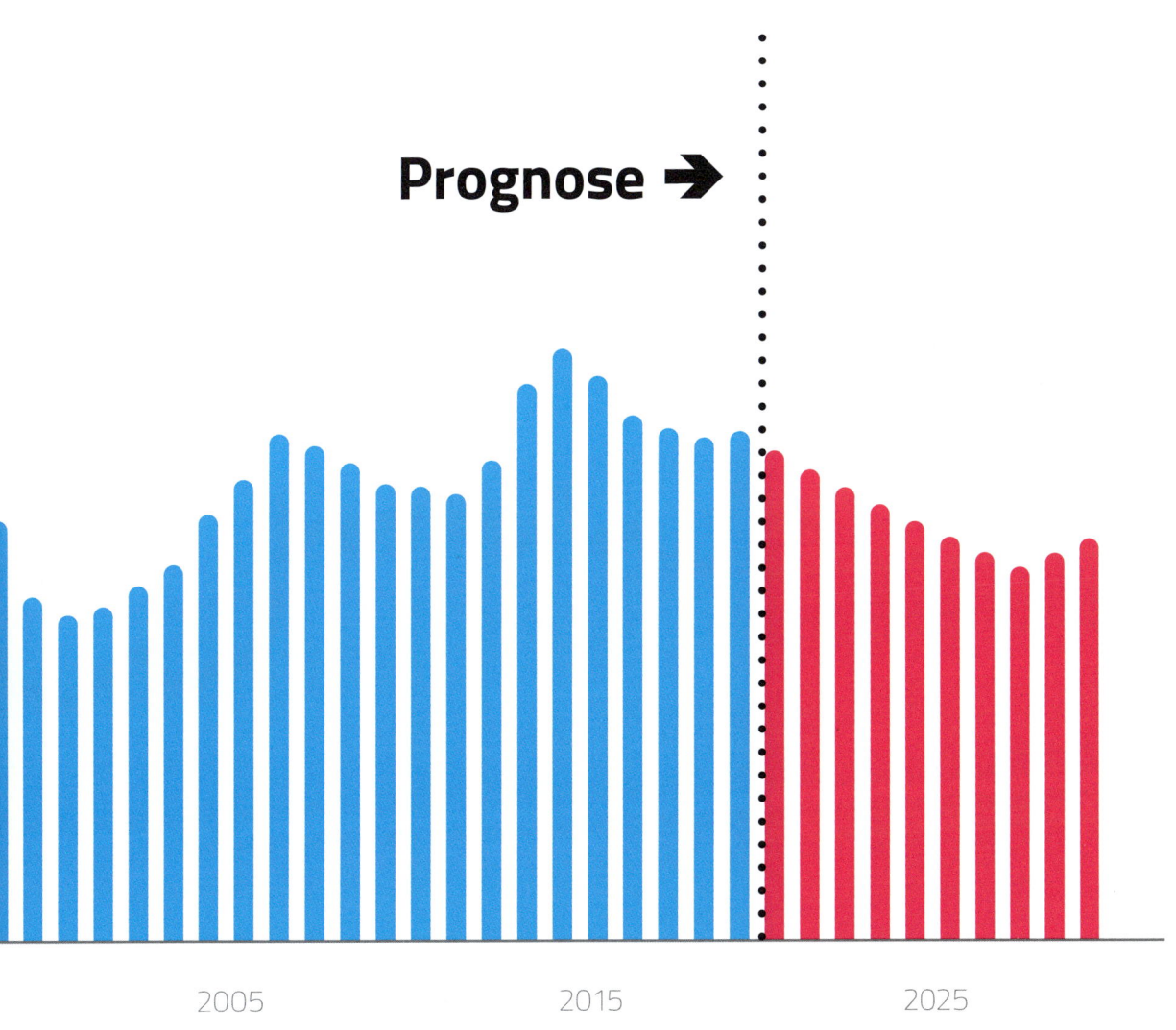

Prognose →

2005   2015   2025

Renditen 10-jähriger US-Staatsanleihen seit 1800

in Prozent

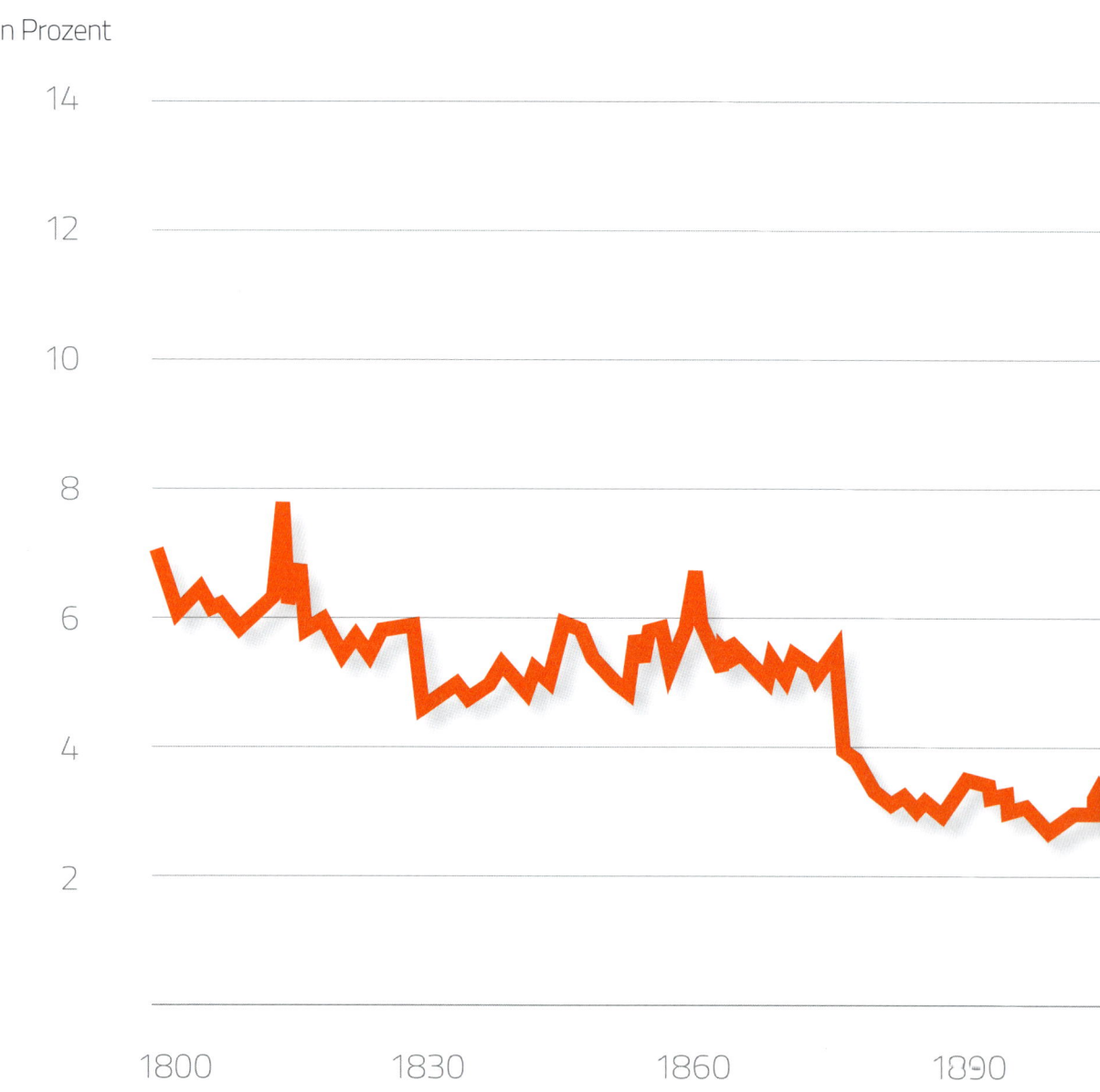

Stand: 2020

920   1950   1980   2010   2040

200 Jahre Zinssätze in den USA

in Prozent

Allzeittief: 0,5% / Aug. 2020   Allzeithoch: 15,8% / Sep. 1981

1798 / 8,1%

Mit der Gründung der ersten amerikanischen Bank stiegen die Bankkredite sprunghaft an und die Wirtschaft geriet kurz darauf in eine Rezession.

1869 / 4,2%

Im Zuge des wirtschaftlichen Aufschwungs nach dem Bürgerkrieg wurden 30.000 Meilen an Eisenbahnstrecken gebaut.

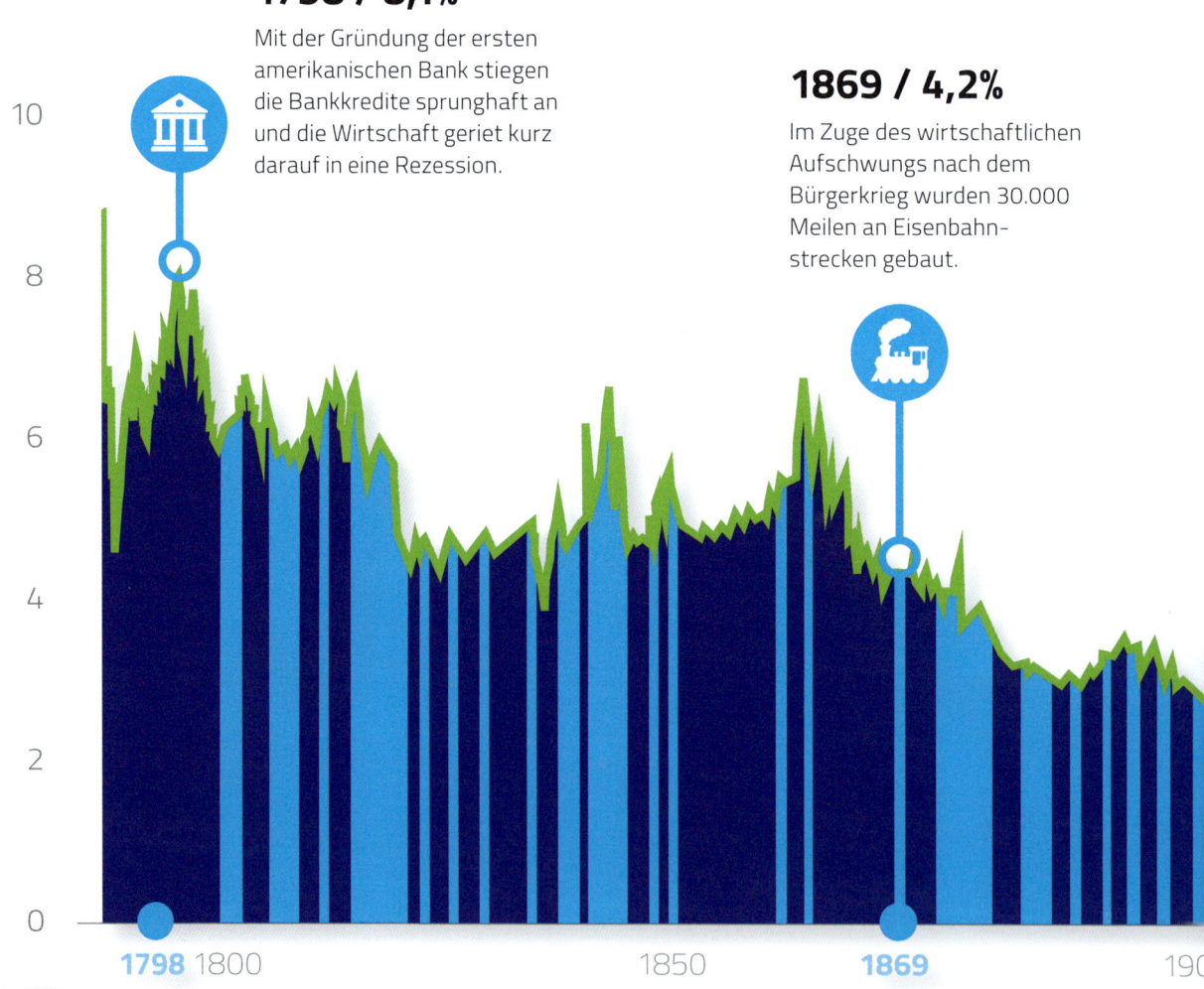

Stand: 2020

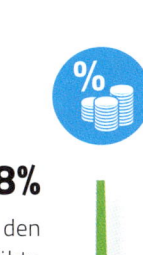

1981 / 15,8%

Nach der Inflation in den
1970er Jahren erhöhte
der Fed-Vorsitzende
Paul Volcker die Zinssätze
auf ein Rekordhoch.

2008 / 2,3%

Zwischen 2007 und 2008
sanken die Zinssätze von
5,1% auf 2,3%, um die Sub-
prime- und Bankenkrise
einzudämmen.

1913

Gründung der US-Zentral-
bank Federal Reserve

1945 / 1,7%

Die Staatsverschuldung
schoss in die Höhe und die
Zinssätze fielen stark, um den
Krieg zu finanzieren.

2016 / 1,5%

Historische Trends
zeigen, dass für die
Zukunft ein länger
anhaltender nied-
rigerer Zinszyklus
prognostiziert wird.

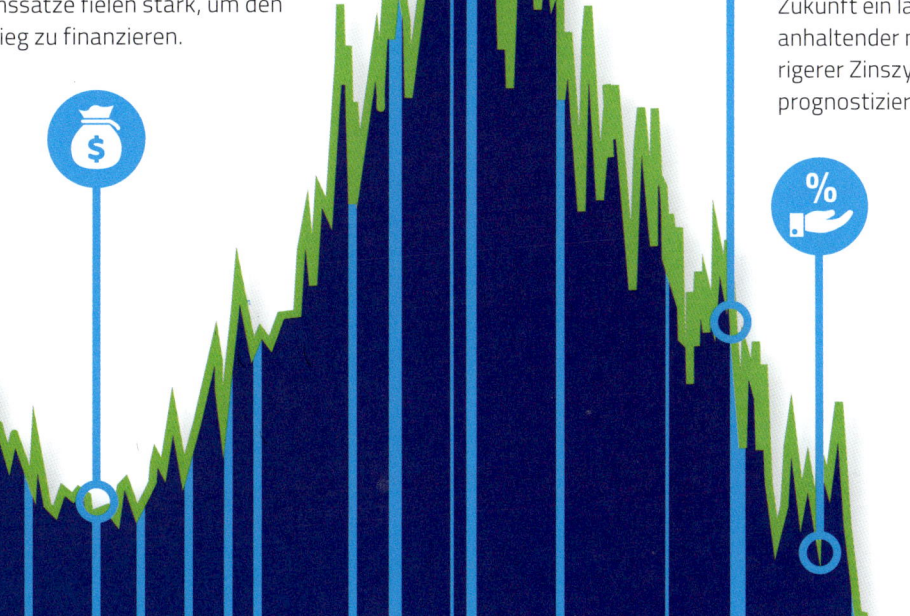

1945 1950   1981   2000 2008 2016 2020

Börsengänge an der Frankfurter Börse

51

Transfers: Wechsel von einem Marktsegment in ein anderes

Transfers seit 2004

Neuemission: Erstmalige Zulassung eines Wertpapiers zum Börsenhandel

Mit der Neuemission von Aktien kann ein Unternehmen zusätzliches Eigenkapital beschaffen. Von Neuemission spricht man auch, wenn Aktien eines Unternehmens im Zuge einer Kapitalerhöhung zum ersten Mal am Aktienmarkt angeboten werden. Bevor ein Unternehmen zum Börsenhandel zugelassen wird, muss es bestimmte Zulassungsvoraussetzungen erfüllen, die vom jeweiligen Marktsegment oder ggf. vom angestrebten Transparenzlevel abhängen.

704

Neuemissionen seit 1997

Privatplatzierung: Wertpapiere eines Unternehmens werden nur bei einem ausgewählten Investorenkreis platziert

Bei einem Börsengang unterscheidet man zwischen einem öffentlichen Angebot und einer Privatplatzierung. Bei der Privatplatzierung handelt es sich bei den Anteilseignern ausschließlich um sogenannte qualifizierte Investoren wie institutionelle Anleger. Das Unternehmen unterliegt dann nicht der Prospektpflicht. Beim öffentlichen Angebot werden die neuen Wertpapiere bei mindestens 100 nicht qualifizierten Anlegern platziert und die Emission ist prospektpflichtig.

1.8

82

Privatplatzierung seit 2005

12

Duales Listing seit 2005

Dual Listing: Aufnahme der Notierung an einer zweiten Börse neben der Heimatbörse

Beim Dual Listing, auch Zweitlisting genannt, wird ein Unternehmen neben seiner Heimat-börse an einer weiteren Börse notiert oder in den Handel einbezogen. Ein Zweitlisting ist kein Initial Public Offering (IPO), weil es kein weltweit erstmaliges oder öffentliches Angebot ist. Das Unternehmen unterliegt deshalb nicht der Prospektpflicht.

970

Notierungsaufnahmen seit 1997

Notierungsaufnahme: Ein Wertpapier wird in den Handel an einer Börse aufgenommen.

Notierungsaufnahme bedeutet, dass ein Wertpapier erstmalig in einem bestimmten Marktsegment an einer Börse handelbar ist. Bei einer Notierungsaufnahme an der Frankfurter Wertpapierbörse wird das Papier erstmalig im Frankfurter Parketthandel und/oder auf Xetra gehandelt. Handelt es sich um Aktien eines Unternehmens, und wird die Aktie zum Regulierten Markt zugelassen, spricht man von einem Börsengang. Nimmt das Unternehmen mit dem Börsengang zudem neues Kapital auf und macht ein öffentliches Angebot mit Prospektpflicht, spricht man von einem IPO (Initial Public Offering).
Wird bei der Notierungsaufnahme ein Unternehmen in den Handel im Freiverkehr (Open Market) einbezogen, spricht man von einer Aufnahme in einen börsenmäßigen Handel.

19

Gesamtanzahl der IPOs seit 1997

Stand: August 2021

Unternehmerische Perspektiven

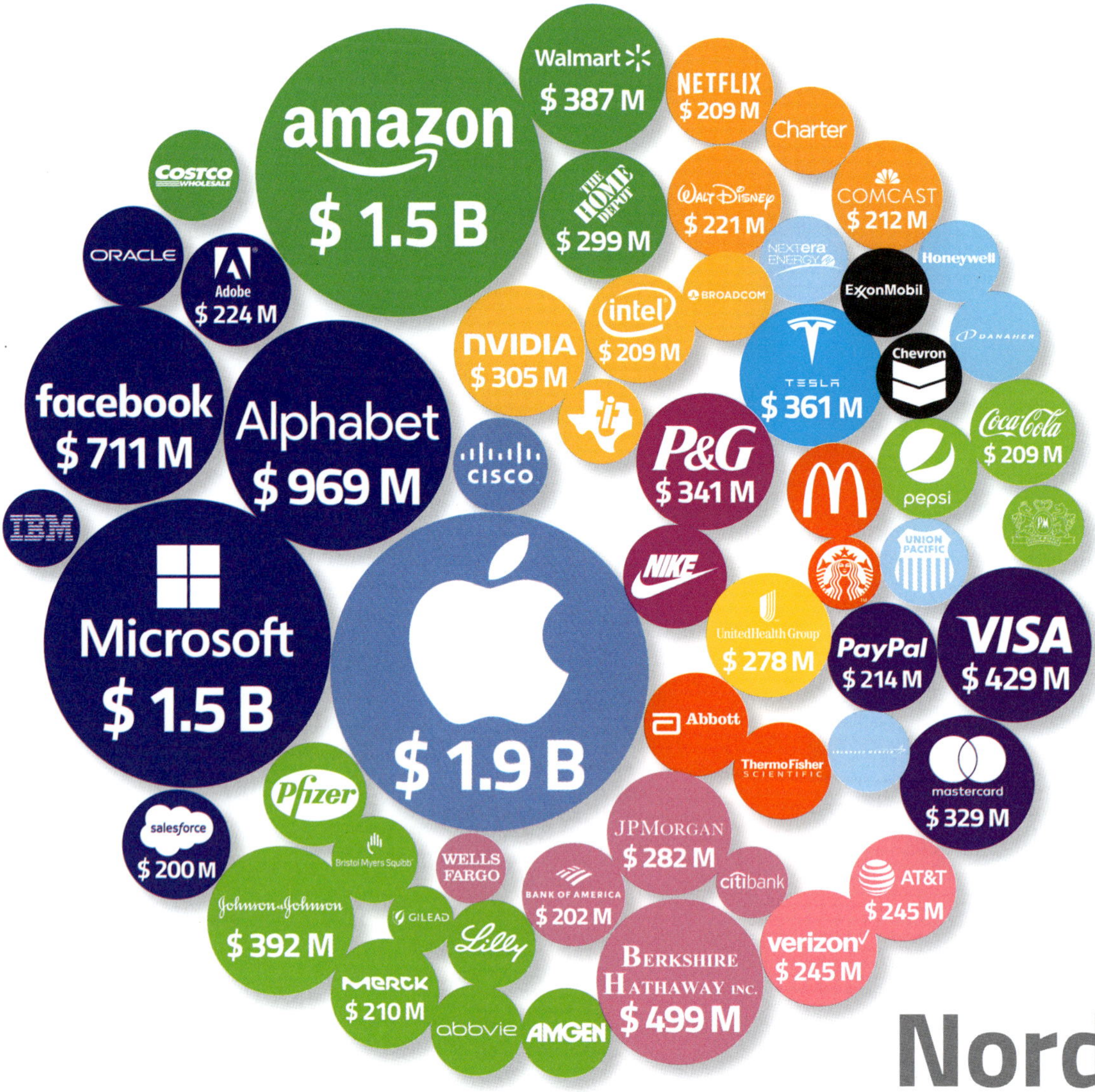

amazon $ 1.5 B

Walmart $ 387 M

NETFLIX $ 209 M

Charter

COSTCO WHOLESALE

THE HOME DEPOT $ 299 M

Walt Disney $ 221 M

COMCAST $ 212 M

ORACLE

Adobe $ 224 M

NEXTera ENERGY

Honeywell

BROADCOM

ExxonMobil

DANAHER

NVIDIA $ 305 M

intel $ 209 M

TESLA $ 361 M

Chevron

facebook $ 711 M

Alphabet $ 969 M

CISCO

P&G $ 341 M

Coca-Cola $ 209 M

pepsi

IBM

Microsoft $ 1.5 B

$ 1.9 B

NIKE

UnitedHealth Group $ 278 M

UNION PACIFIC

VISA $ 429 M

PayPal $ 214 M

Abbott

ThermoFisher SCIENTIFIC

mastercard $ 329 M

Pfizer

salesforce $ 200 M

Bristol Myers Squibb

WELLS FARGO

JPMorgan $ 282 M

citibank

AT&T $ 245 M

Johnson & Johnson $ 392 M

GILEAD

Lilly

BANK OF AMERICA $ 202 M

verizon $ 245 M

Merck $ 210 M

abbvie

AMGEN

BERKSHIRE HATHAWAY INC. $ 499 M

Nord-amerika

Legende

- Ranking
- Business Services & Zubehör
- Einzelhandel
- Langlebige Konsumgüter
- Konglomerate
- Medikamente & Biotechnologie
- Essen, Trinken & Tabak
- Gesundheitswesen, Dienstleistungen
- Hotels, Restaurants & Freizeit

Stand: September 2020

Die größten Unternehmen der Welt

Top 100 nach Marktkapitalisierung

Europa

Ozeanien

Asien

M = Milliarden
B = Billionen

🟧 Chiphersteller	
🟥 Haushalt und persönliche Produkte	🟥 Rohstoffe	🟦 Hardware-Hersteller
🟨 Versicherung	🟧 Medien	🟥 Telekommunikationsdienst
🟦 IT & Software	⬛ Öl- und Gasunternehmen	🟦 Sonstiges

Facebook
$ 913 M

Apple
$ 2340 M

Niederlande
$ 910 M

Frankreich
$ 2599 M

Vergleich der Marktkapitalisierungen

in US-Dollar

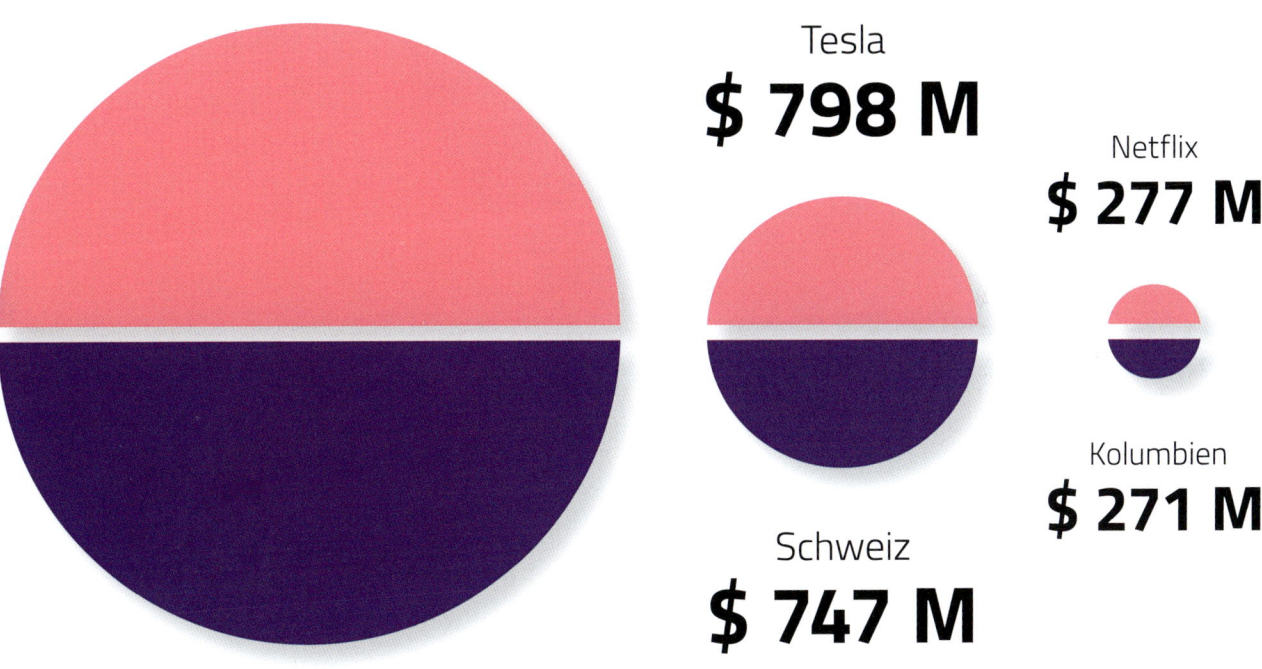

Alphabet
$ 1830 M

Tesla
$ 798 M

Netflix
$ 277 M

Schweiz
$ 747 M

Kolumbien
$ 271 M

Südkorea
$ 1631 M

Stand: 2020 (BIP) und 2021 (Unternehmen)

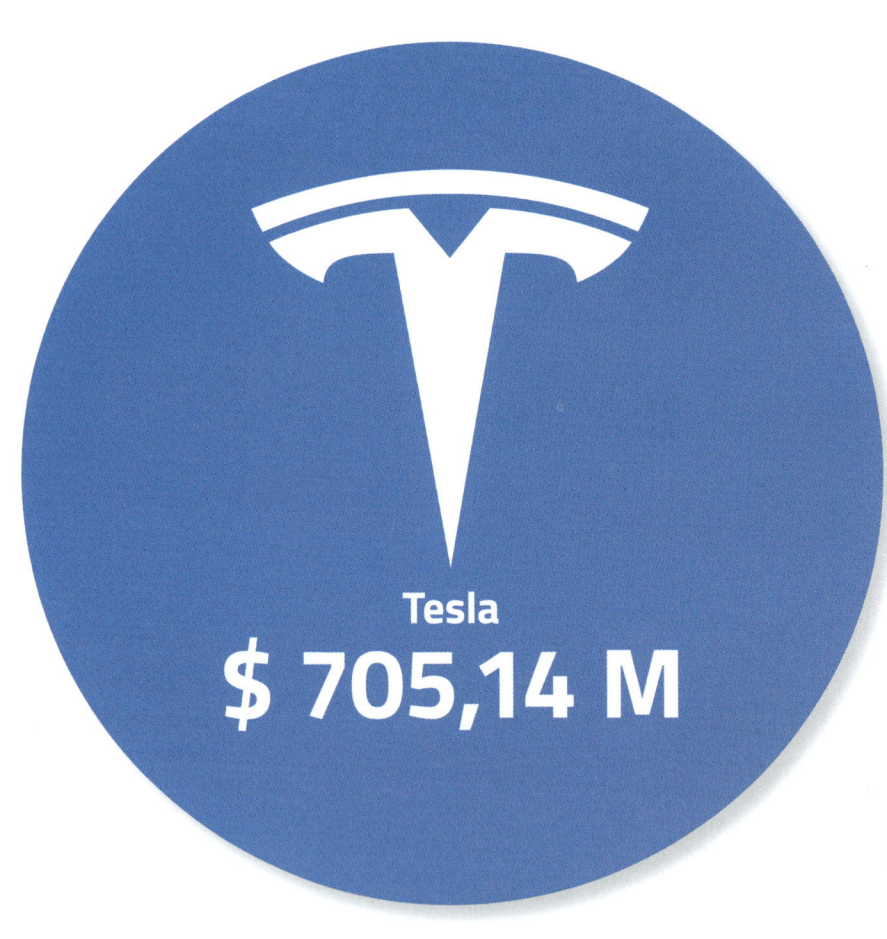

Tesla
$ 705,14 M

Volkswagen
$ 148,47 M

Honda
$ 51,05 M

Daimler
$ 90,11 M

Das 1-Billionen Dollar-Rennen

Marktkapitalisierungen der Autohersteller

Nikola
$ 4,03 M

General Motors
$ 72,33 M

Toyota
$ 240,62 M

Ford
$ 53,19 M

Stand: 31. August 2021

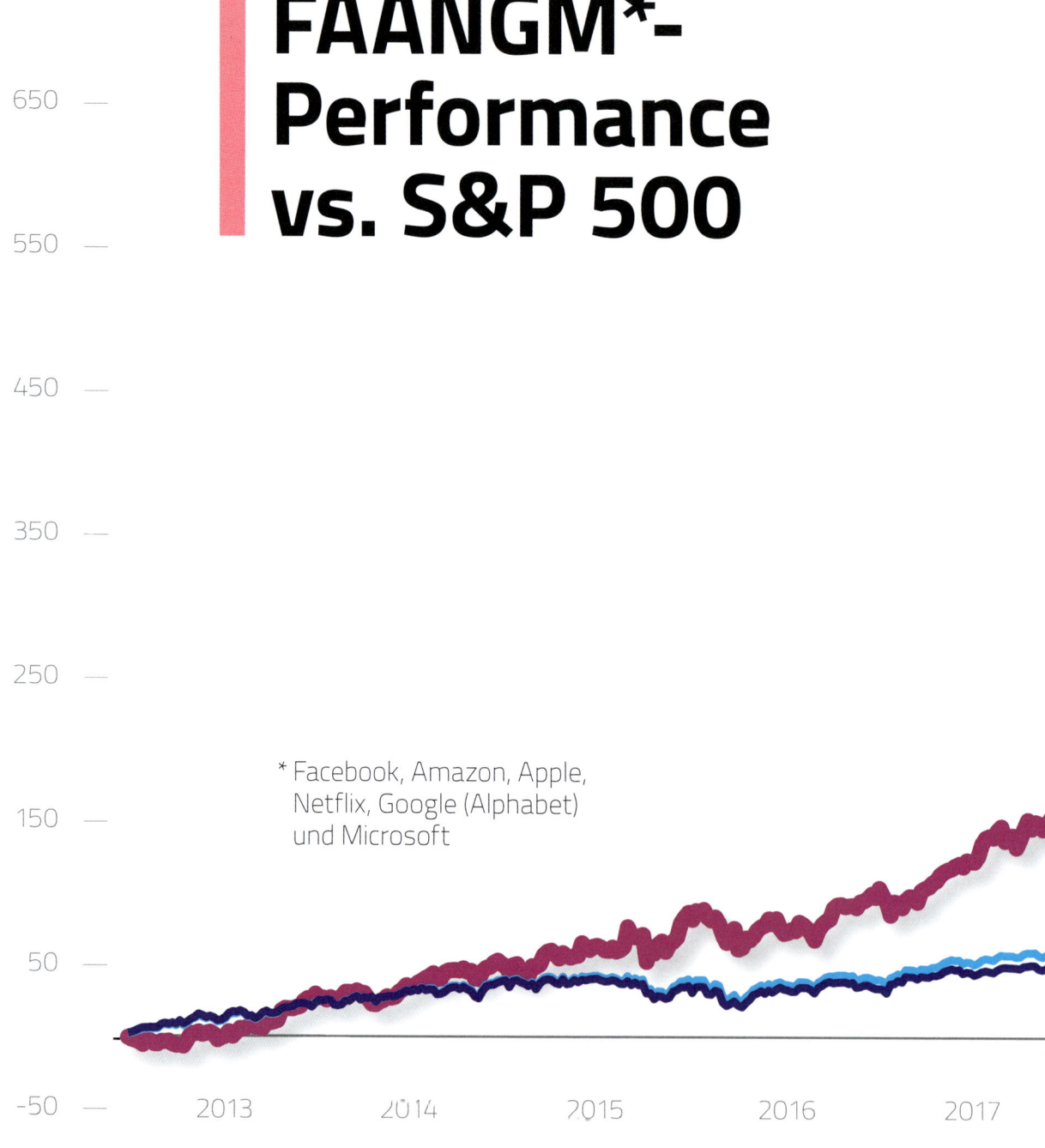

FAANGM*-Performance vs. S&P 500

650

550

450

350

250

150

* Facebook, Amazon, Apple,
Netflix, Google (Alphabet)
und Microsoft

50

-50

2013   2014   2015   2016   2017

FAANGM

+ 578,0 %

S&P inkl. FAANGM

+ 163,8%

S&P ohne FAANGM

+ 122,3%

18   2019   2020   2021   2022

Stand: 20. März 2021

Die profitabelsten Unternehmen

Gewinn in Milliarden US-Dollar

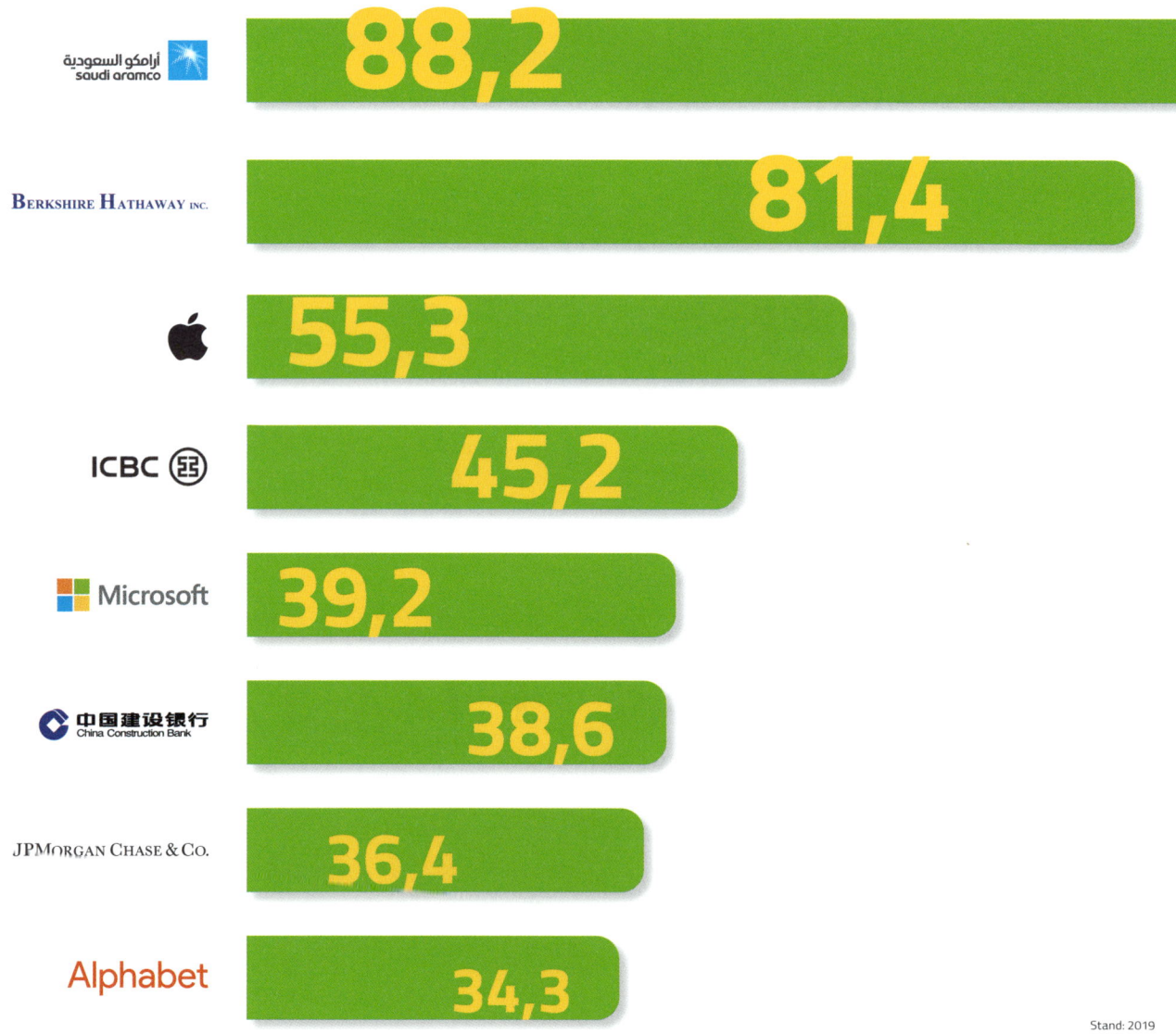

Unternehmen	Gewinn
saudi aramco	**88,2**
BERKSHIRE HATHAWAY INC.	**81,4**
Apple	**55,3**
ICBC	**45,2**
Microsoft	**39,2**
China Construction Bank	**38,6**
JPMORGAN CHASE & CO.	**36,4**
Alphabet	**34,3**

Stand: 2019

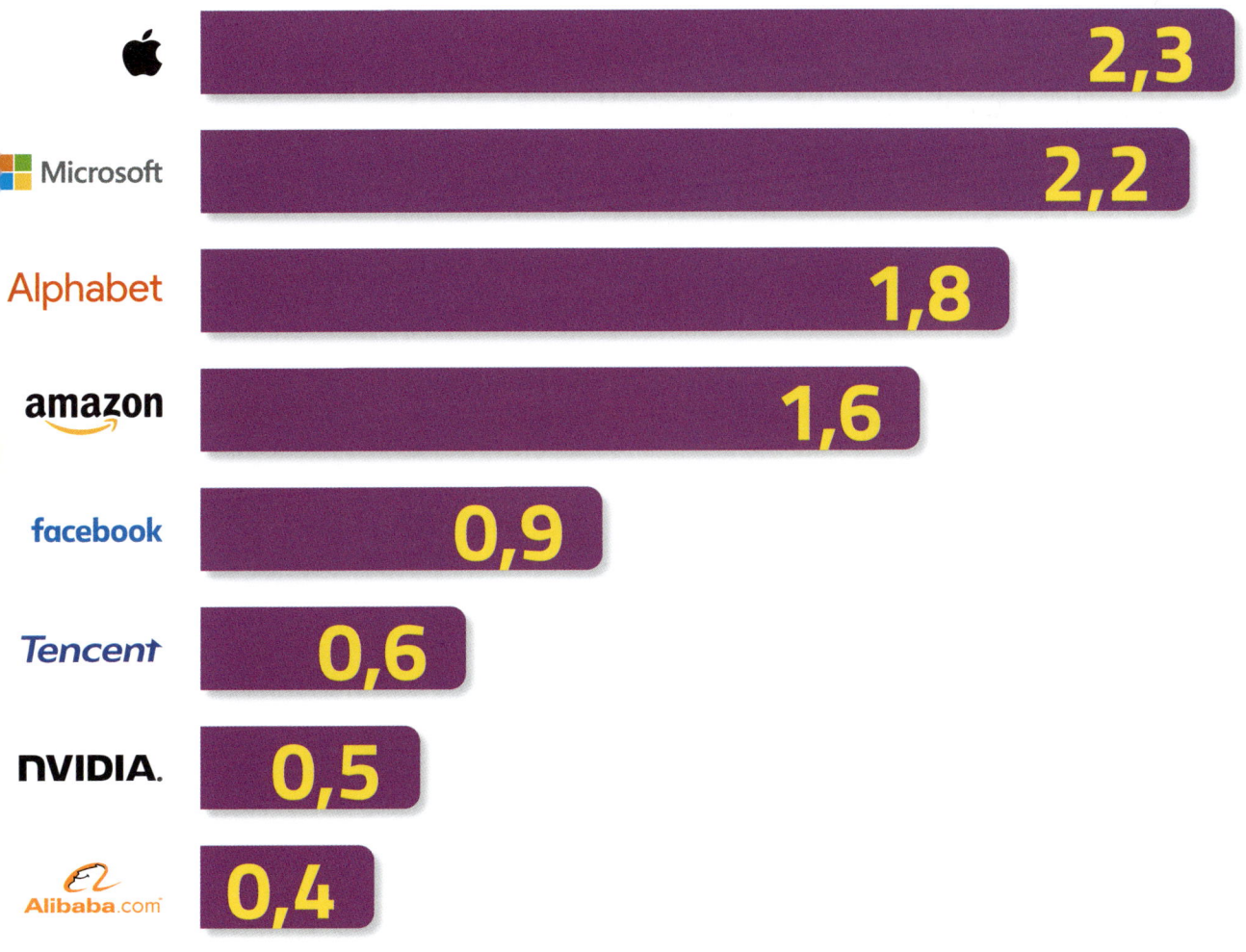

Apple: 2,3
Microsoft: 2,2
Alphabet: 1,8
amazon: 1,6
facebook: 0,9
Tencent: 0,6
NVIDIA: 0,5
Alibaba.com: 0,4

Tech-Konzerne dominieren die Börsen

Marktkapitalisierung der 8 wertvollsten Unternehmen
in Billionen US-Dollar

Stand: 13. Oktober 2021

2021

Apple (USA) **2,1**

Saudi Aramco (SAU) **1,9**

Microsoft (USA) **1,8**

Amazon (USA) **1,6**

Alphabet (USA) **1,4**

Facebook (USA) **0,8**

Tencent (CHN) **0,8**

Tesla (USA) **0,6**

Alibaba (CHN) **0,6**

Berkshire Hath. (USA) **0,6**

Branchen 2021

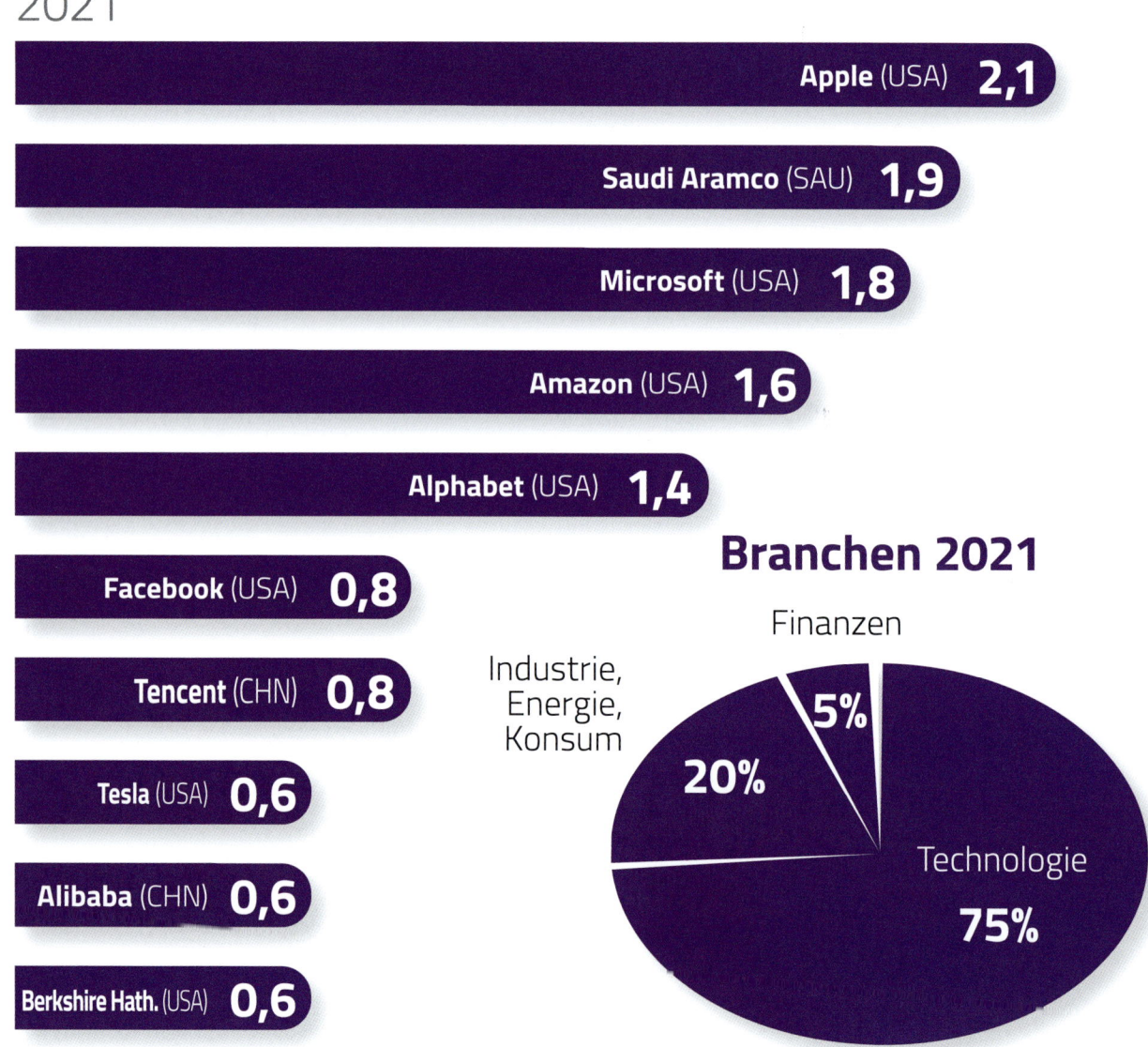

Finanzen

Industrie,
Energie,
Konsum

5%

20%

Technologie

75%

Die 10 größten Unternehmen der Welt heute und damals

Börsenwert in Milliarden US-Dollar

2007

464 Exxon Mobil (USA)

393 General Electric (USA)

282 Microsoft (USA)

261 PetroChina (CHN)

259 Shell (NL/GB)

256 Citigroup (USA)

241 AT&T (USA)

235 Gazprom (RUS)

225 BP (GB)

223 Toyota (JPN)

Stand: 31. März 2021

Branchen 2007

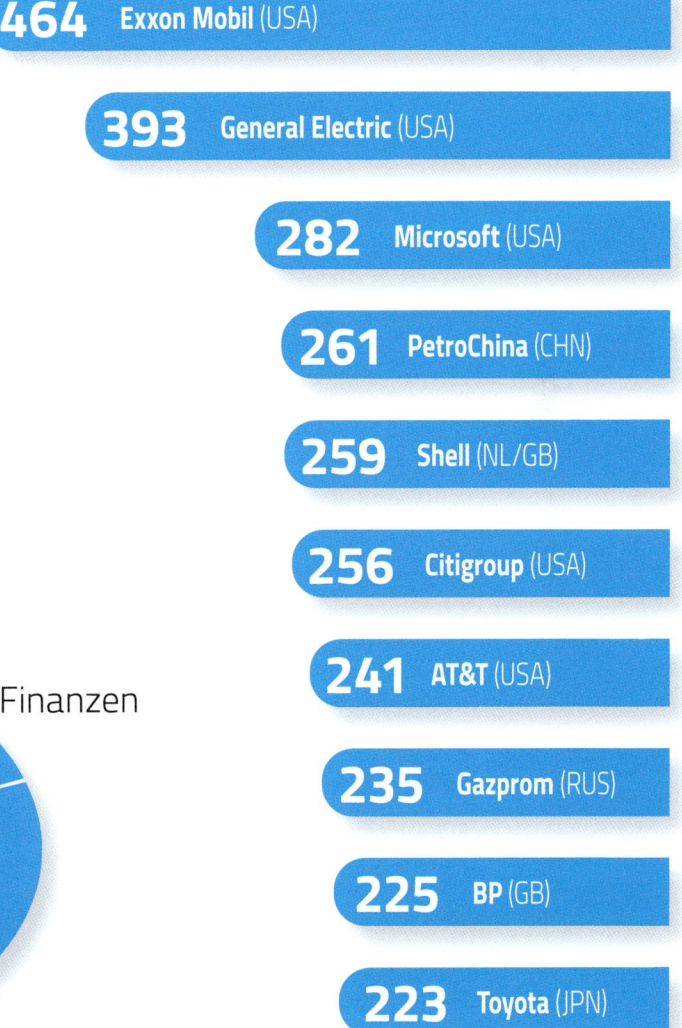

Technologie
10%

Finanzen
9%

Industrie, Energie, Konsum
81%

Die Aktie: Eine attraktive Anlage

Wer in Aktien des Deutschen Aktienindex DAX gespart hat, partizipierte an der Kursentwicklung und den Dividenden der großen deutschen Börsenwerte. So konnte man beispielsweise bei einem Anlagezeitraum von 20 Jahren eine durchschnittliche Rendite von 8,7 Prozent im Jahr auf das angelegte Geld erwirtschaften. Im schlechtesten Fall lag die jährliche Rendite bei 3,3 Prozent im besten bei 15,2 Prozent.

1.000

100

10

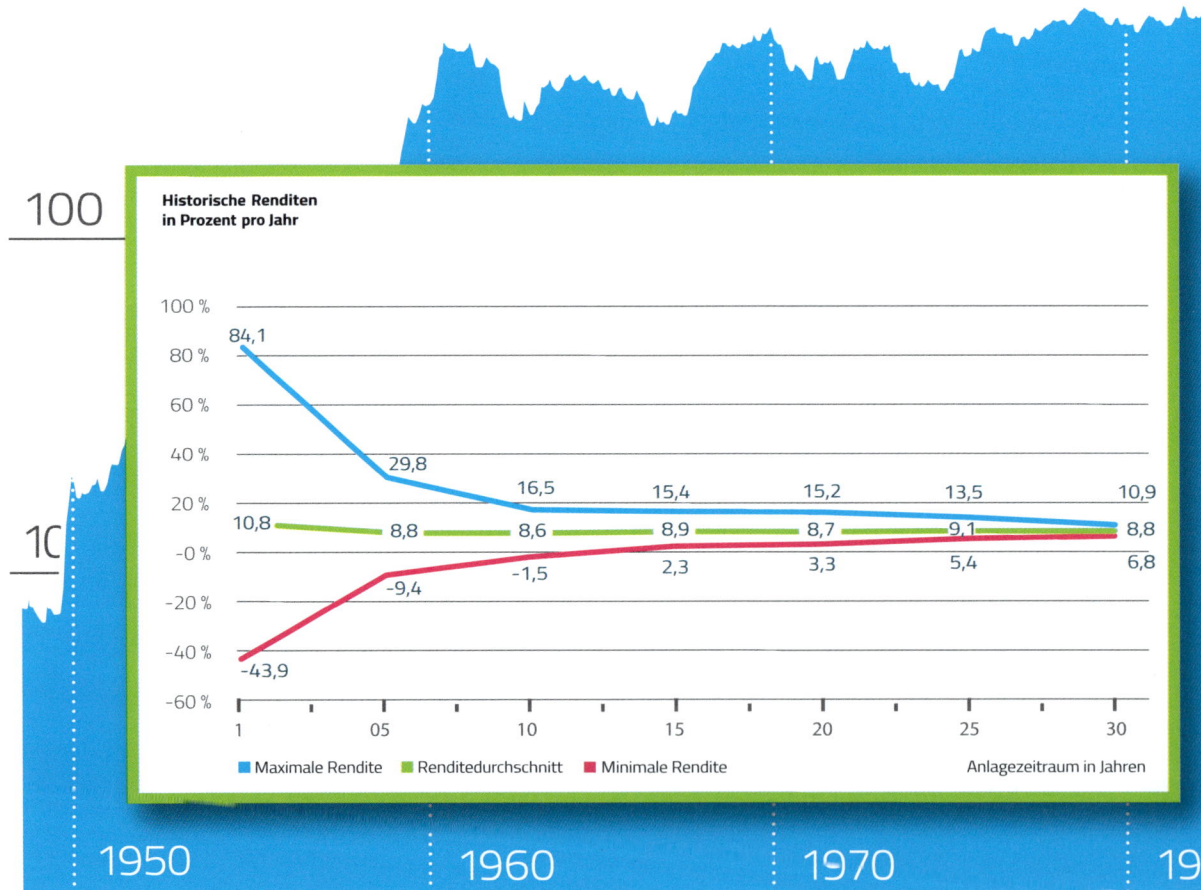

Historische Renditen in Prozent pro Jahr

Anlagezeitraum in Jahren	1	05	10	15	20	25	30
Maximale Rendite	84,1	29,8	16,5	15,4	15,2	13,5	10,9
Renditedurchschnitt	10,8	8,8	8,6	8,9	8,7	9,1	8,8
Minimale Rendite	-43,9	-9,4	-1,5	2,3	3,3	5,4	6,8

■ Maximale Rendite ■ Renditedurchschnitt ■ Minimale Rendite

1950   **1960**   **1970**   **198**

* Die Bezeichnung DAX® ist eine eingetragene Marke der Deutsche Börse AG. ** Siehe Stehle/Huber/Maier, Rückberechnung des DAX für die Jahre 1955 bis 1987, Kredit und Kapital 1996, S. 277-304 sowie Stehle/Wul/Richter, Die Rendite deutscher Blue-Chip-Aktien in der Nachkriegszeit – Rückberechnung des DAX für die Jahre 1948 bis 1954, unveröffentlichtes Manuskript, Berlin 1999, www.wiwi.hu-berlin.de/nance

DAX-Verlauf seit 1948

Aktienanlage – mit wenigen Regeln langfristig zum Erfolg

Aktien und Aktienfonds können auf lange Sicht attraktive Renditechancen bieten. Sie sind damit eine gute Anlageform für die private Altersvorsorge und den langfristigen Vermögensaufbau. Um ohne viel Aufwand erfolgreich zu sein, sollte der Anleger diese Regeln beachten:

1. Breit gestreut in Aktien unterschiedlicher Branchen zu investieren, verringert spürbar das Risiko eines Totalverlustes, der bei einem Investment in eine einzelne Aktie nie ausgeschlossen werden kann. Eine solche Streuung bieten zum Beispiel Aktienfonds und ETFs.

2. Je länger der Anlagehorizont, desto geringer die Gefahr, mit Aktien Verluste zu erleiden. Langfristig orientierte Anleger müssen bei kurz- und mittelfristigen Kursschwankungen nicht nervös werden.

3. Regelmäßiges Sparen wie beispielsweise mit einem Sparplan auf Aktienfonds erlaubt dem Anleger, auch mit kleinen monatlichen Beträgen langfristig ein substantielles Aktienvermögen aufzubauen.

4. Anleger sollten nicht nur in Aktien sparen, sondern stets über genügend liquide Mittel aus anderen Anlageformen verfügen. So können sie ein mögliches Börsentief aussitzen und sind nicht gezwungen, zur Unzeit ihre Aktien- oder Aktienfondsanlage zu verkaufen.

Hinweise zur Berechnung

Die abgebildeten Renditen beruhen auf der Annahme, dass zu einem bestimmten Zeitpunkt einmalig in den Aktienmarkt investiert wird. Dies ist mit einer direkten Anlage in Aktien, mit Aktienfonds oder ETFs sowie mit anderen indirekten Aktienanlagen möglich.

Berechnungsgrundlage sind die Monatsschlusskurse des Deutschen Aktienindex DAX,* der die 40 nach Börsenumsatz und Marktkapitalisierung größten deutschen Börsenwerte zusammenfasst. Der DAX wird offiziell seit Ende 1987 berechnet und bildet sowohl Kursentwicklungen als auch Dividendenzahlungen ab. Für die Jahre vor 1987 wurde die Rückrechnung von Prof. Dr. Richard Stehle verwendet.**

Kosten des Wertpapierkaufs oder -verkaufs werden nicht berücksichtigt. Gleiches gilt für andere Kosten, die abhängig von der Form des Aktiensparens entstehen können (z.B. Ausgabeaufschläge und Verwaltungsgebühren bei Aktienfonds-Sparplänen). Alle Kosten mindern die erzielbare Rendite für den Anleger.

1990

2000

2010

Stand: 2021

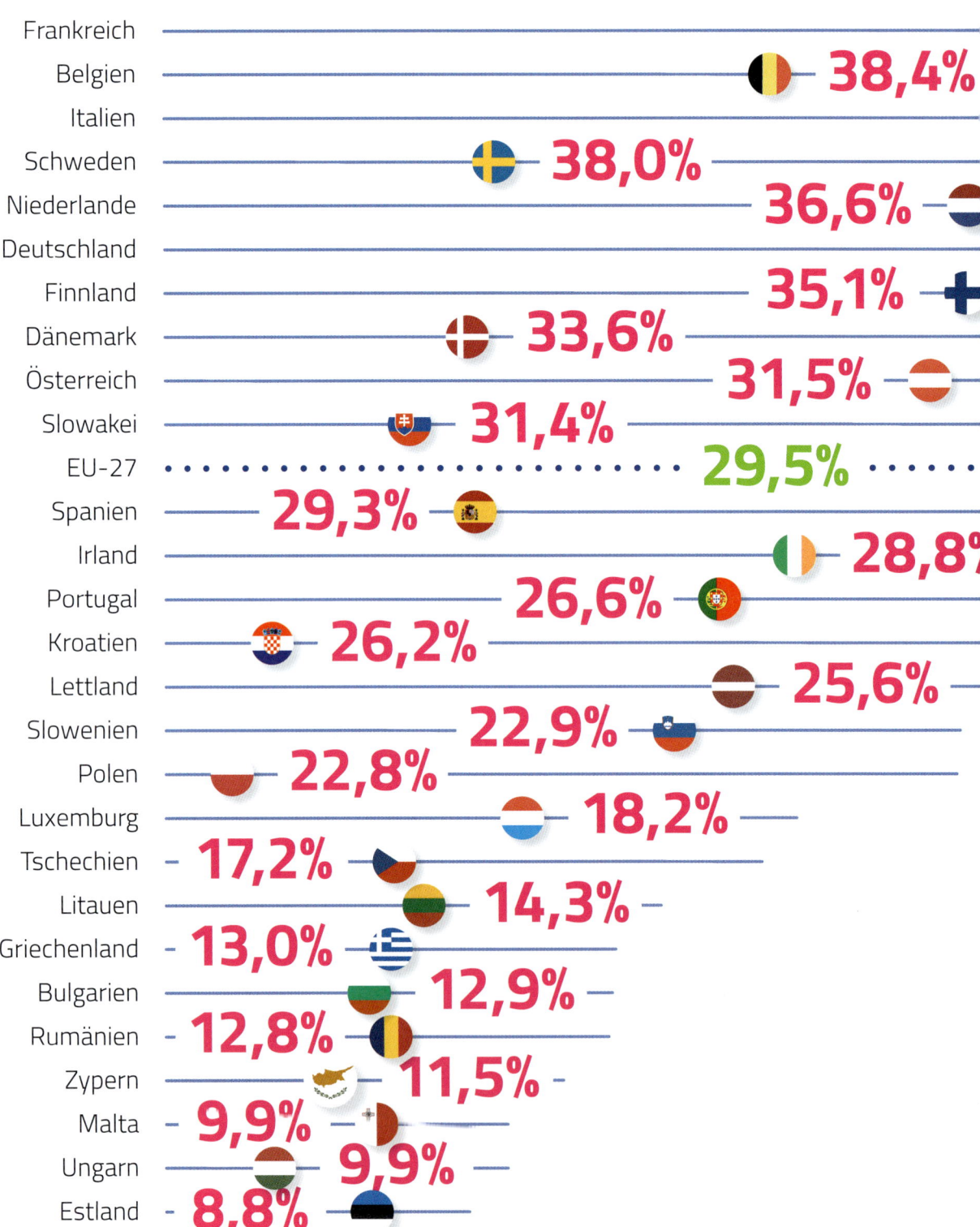

Land	Wert
Frankreich	
Belgien	38,4%
Italien	
Schweden	38,0%
Niederlande	36,6%
Deutschland	
Finnland	35,1%
Dänemark	33,6%
Österreich	31,5%
Slowakei	31,4%
EU-27	29,5%
Spanien	29,3%
Irland	28,8%
Portugal	26,6%
Kroatien	26,2%
Lettland	25,6%
Slowenien	22,9%
Polen	22,8%
Luxemburg	18,2%
Tschechien	17,2%
Litauen	14,3%
Griechenland	13,0%
Bulgarien	12,9%
Rumänien	12,8%
Zypern	11,5%
Malta	9,9%
Ungarn	9,9%
Estland	8,8%

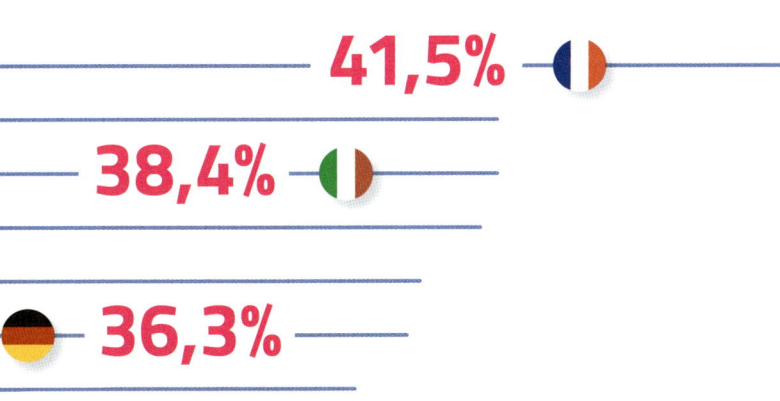

41,5%

38,4%

 **36,3%**

Frauenanteil in den Aufsichtsräten oder Verwaltungsräten

börsennotierter Unternehmen in Ländern der EU

Stand: 2020

Markt-Perspektiven

Finanzsegmente im globalen Größenvergleich

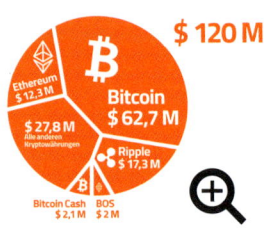

$ 120 M

**Der gesamte
Kryptowährungs-
markt**

Globale Geldmenge

Über die Hälfte der
weltweiten Geldmenge
existiert elektronisch in
Depots bei diversen
Banken und Institutio-
nen. Der US-Dollar
macht nur 1,7 Prozent
des gesamten Geld-
umlaufs aus.

**Das Gold
der Welt**

Der weltweite
Goldwert wird auf
$ 7,8 B geschätzt.
Damit ist der
Markt etwa 31
Mal so groß wie
der gesamte
Kryptowährungs-
markt.

**Globale
Aktienmärkte**

Die Weltbörsen
haben sich seit der
Großen Rezession
gut erholt und
weisen einen
Gesamtwert
von $ 77,7 B auf.

Immo-bilien $ 217 B

Wohn-immobilien $ 162 B

Gewerbe-immobilien $ 162 B

Landwirtschaft-liche Immobilien $ 26 B

Globaler Immobilienmarkt

Gewerbeimmobilien und landwirtschaftliche Betriebe machen insgesamt nur 25 Prozent des globalen Immobilienmarktes aus. Der überwiegende Wert steckt in Wohnungen und Häusern.

Quelle: https://fortune.com

Der Derivatenmarkt $ 532 B

Globale Verschuldung $ 184 B

US-Verschuldung $ 21,35 B

Globale Verschuldung

Die globale Verschuldung reicht von der Staatsverschuldung über Kommunalanleihen bis hin zu Hypotheken und Studentenkrediten. Insgesamt beläuft sie sich auf $184 B.

Quellen: https://www.iifcom
http://www.usdebtclock.org

Der Derivatenmarkt

Derivate sind Finanzinstrumente, deren Preise von Kursschwankungen oder den Preiserwartungen anderer Investments abhängig sind. Sie sind so konstruiert, dass sie die Schwankungen der Preise dieser Anlageobjekte überproportional nachvollziehen. Daher lassen sie sich sowohl zur Absicherung gegen Wertverluste als auch zur Spekulation auf Kursgewinne des Basiswerts verwenden. Zu den wichtigsten Derivaten zählen Zertifikate, Optionen, Futures und Swaps.

Quelle: https://www.bis.org

Stand: 2020

1	**NYSE**	🇺🇸	
2	**Nasdaq – US**	🇺🇸	
3	**Shanghai Stock Exchange**	🇨🇳	
4	**Japan Exchange Group Inc.**	🇯🇵	
5	**Hong Kong Exchanges and Clearing**	🇭🇰	
6	**Shenzhen Stock Exchange**	🇨🇳	
7	**Euronext**	🇳🇱	
8	**LSE Group**	🇬🇧	3
9	**Saudi Stock Exchange**	🇸🇦	2.3
…	**…**		
12	**Deutsche Börse AG**		1.8

Stand: 2020

20.389

17.251

6.327

5.983

5.491

4.763

607

470

95

56

Die größten Börsenbetreiber der Welt

nach Marktkapitalisierung gelisteter Unternehmen
in Milliarden US-Dollar

Norway Government Pension Fund – Global	🇳🇴	**Norwegen**
China Investment Corporation	🇨🇳	**China**
Abu Dhabi Investment Authority	🇦🇪	**VAE**
Kuwait Investment Authority	🇰🇼	**Kuwait**
Hong Kong Monetary Authority Investm. Portf.	🇭🇰	**Hong Kong**
GIC Private Limited	🇸🇬	**Singapur**
SAFE Investment Company	🇨🇳	**China**
Temasek Holdings	🇸🇬	**Singapur**
Public Investment Fund	🇸🇦	**Saudi-Arabie**
National Council for Social Security Fund	🇨🇳	**China**
Qatar Investment Authority	🇶🇦	**Qatar**

Stand: 2020

200

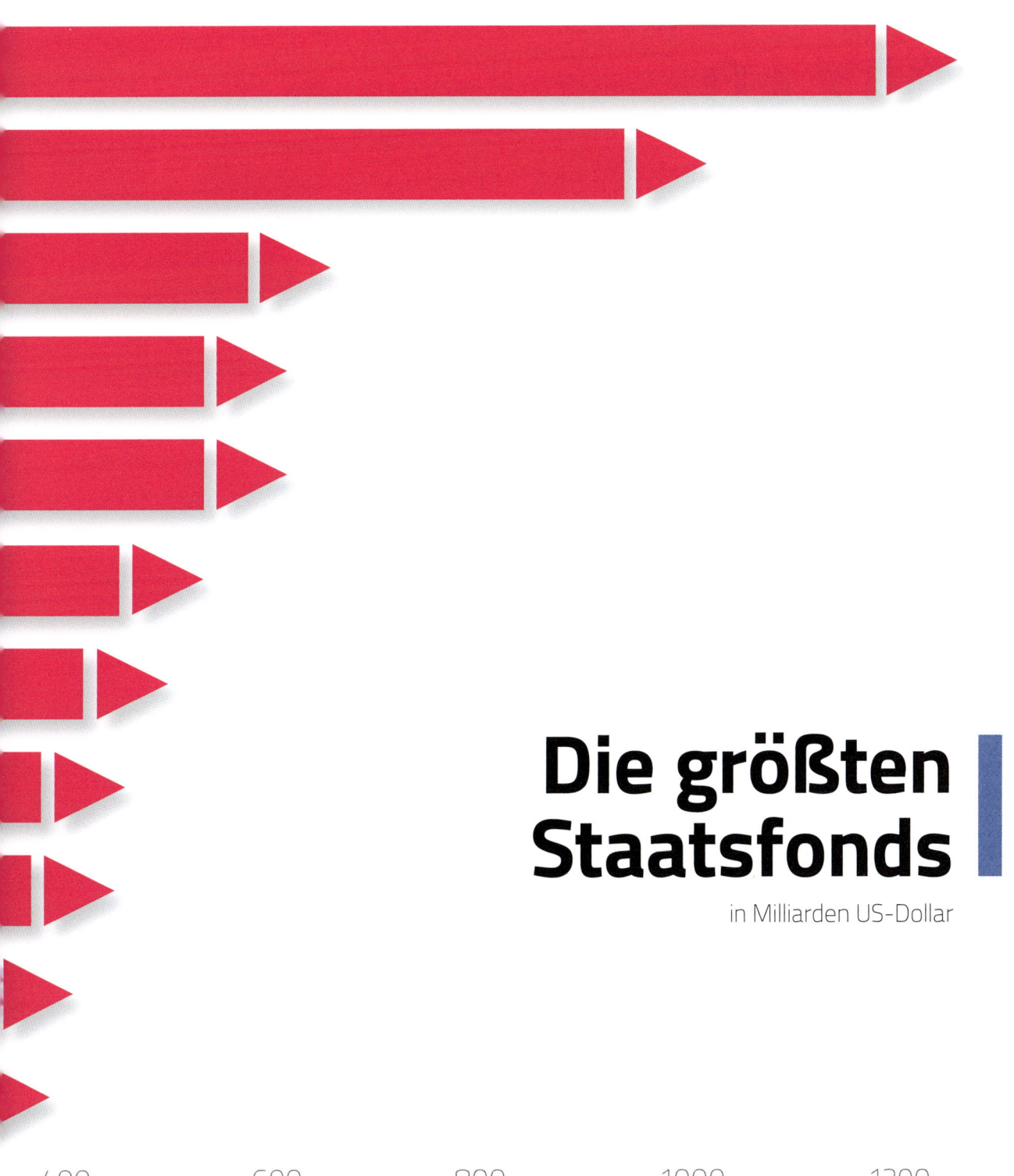

Die größten Staatsfonds

in Milliarden US-Dollar

400　　　　　600　　　　　800　　　　　1000　　　　　1200

Der neue DAX 40

Continental
Autozulieferer

SARTORIUS
Labortechnik

symrise
Aroma- und
Duftstoffe

BRENNTAG
Chemikalienhandel

VONOVIA
Immobilien

Henkel
Konsumgüter

e·on
Energie

RWE
Energie

QIAGEN
Diagnostik
wichtiger Standort,
offizieller Sitz
in Venlo, Niederlande

covestro
Chemie

BAYER
Agrar und Pharma

Deutsche Bank
Bank

Telekommunikation

Deutsche Post
Logistik

DEUTSCHE BÖRSE GROUP
Börse

BASF We create chemistry
Chemie

MERCK
Pharma

HEIDELBERGCEMENT
Baustoffe

SAP
Software

PORSCHE
Automobilhersteller

THE LINDE GROUP
Industriegase
wichtiger Standort,
offizieller Sitz
in Dublin, Irland

DAIMLER
Automobilhersteller

Allianz
Versicherungen

BMW
Automobilhersteller

infineon
Halbleiter

Hamburg

Hanno

Holzminden

Götting

Essen · Bochum

Düsseldorf
Hilden
Leverkusen

Bonn

Bad Homburg
Frankfurt

Darmstadt

Ludwigshafen
Heidelberg
Walldorf

Stuttgart

AIRBUS

Luft- und Raumfahrt
wichtiger Standort,
offizieller Sitz
in Leiden, Niederlande

VW

Automobilhersteller

Delivery Hero

Onlinevermittlung
Gastronomie

SIEMENS

Anlagenbau
Bahn
Software

zalando

Onlinehandel

HELLO FRESH

Onlinehandel
Lebensmittel

Berlin

FD DEUTSCHE WOHNEN

Immobilien

FRESENIUS

Pharma

olfsburg

Hof

FRESENIUS MEDICAL CARE

Pharma

adidas®

Sportartikelhersteller

zogenaurach

langen

PUMA®

Sportartikelhersteller

SIEMENS Healthineers

Gesundheit

MTU Aero Engines

Luftfahrt

Munich RE

Versicherungen

München

SIEMENS

Anlagenbau
Bahn
Software

Neubiberg

SIEMENS energy

Energieanlagen

Stand: September 2021

87

15.000 —

10.000 —

5.000 —

2.500 —

1989   1994   1999   20

DAX-Pechvogel

Selbst wer den Dax jedes Jahr zum absoluten Hochpunkt kauft, erzielt langfristig eine Rendite von 6 Prozent pro Jahr.

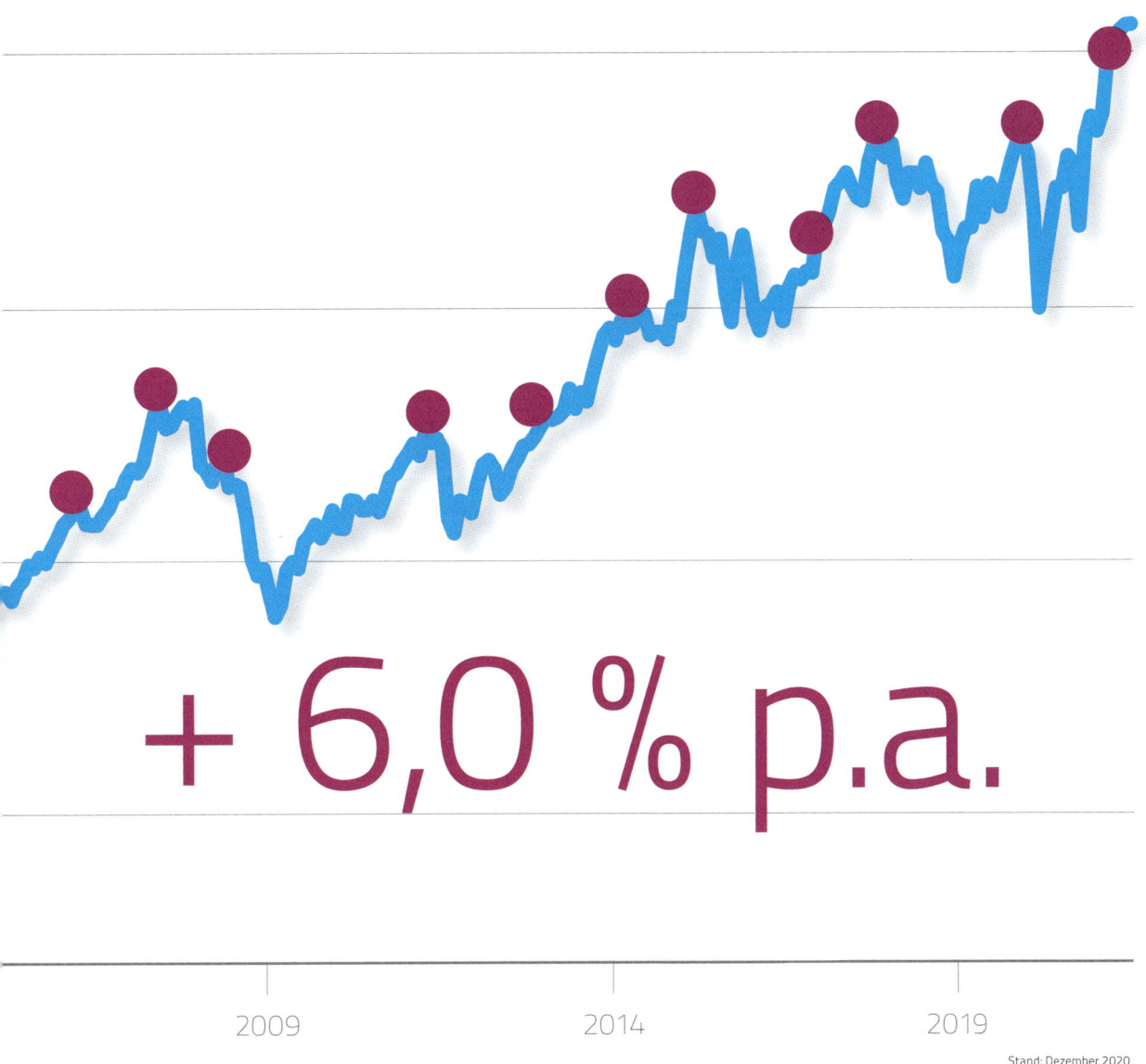

+ 6,0 % p.a.

Stand: Dezember 2020

2009 2014 2019

iShares by BlackRock

1

iShares by BlackRock

2

Vanguard®

3

iShares by BlackRock

4 16,41

iShares by BlackRock

5 11,13

iShares by BlackRock

6 11,04

 Invesco

7 8,58

iShares by BlackRock

8 8,56

Xtrackers

9 7,25

Vanguard®

10 7,15

39,65

32,31

25,51

Top 10 ETFs im Handel auf Xetra

„Assets under management" in Milliarden Euro

1 iShares Core S&P 500 UCITS ETF USD (Acc)

2 iShares Core MSCI World UCITS ETF

3 Vanguard S&P 500 UCITS ETF

4 iShares Core MSCI EM IMI UCITS ETF USD (Acc)

5 iShares Core FTSE 100 UCITS ETF GBP (Dist)

6 iShares Core S&P 500 UCITS ETF USD (Dist)

7 Invesco S&P 500 UCITS ETF Acc

8 iShares Core EUR Corp Bond UCITS ETF EUR (Dist)

9 Xtrackers S&P 500 Swap UCITS ETF 1C

10 Vanguard FTSE All-World UCITS ETF

Stand: August 2021

Ertrags-
Perspektiven

Die DAX-Dividendensumme

in Milliarden Euro

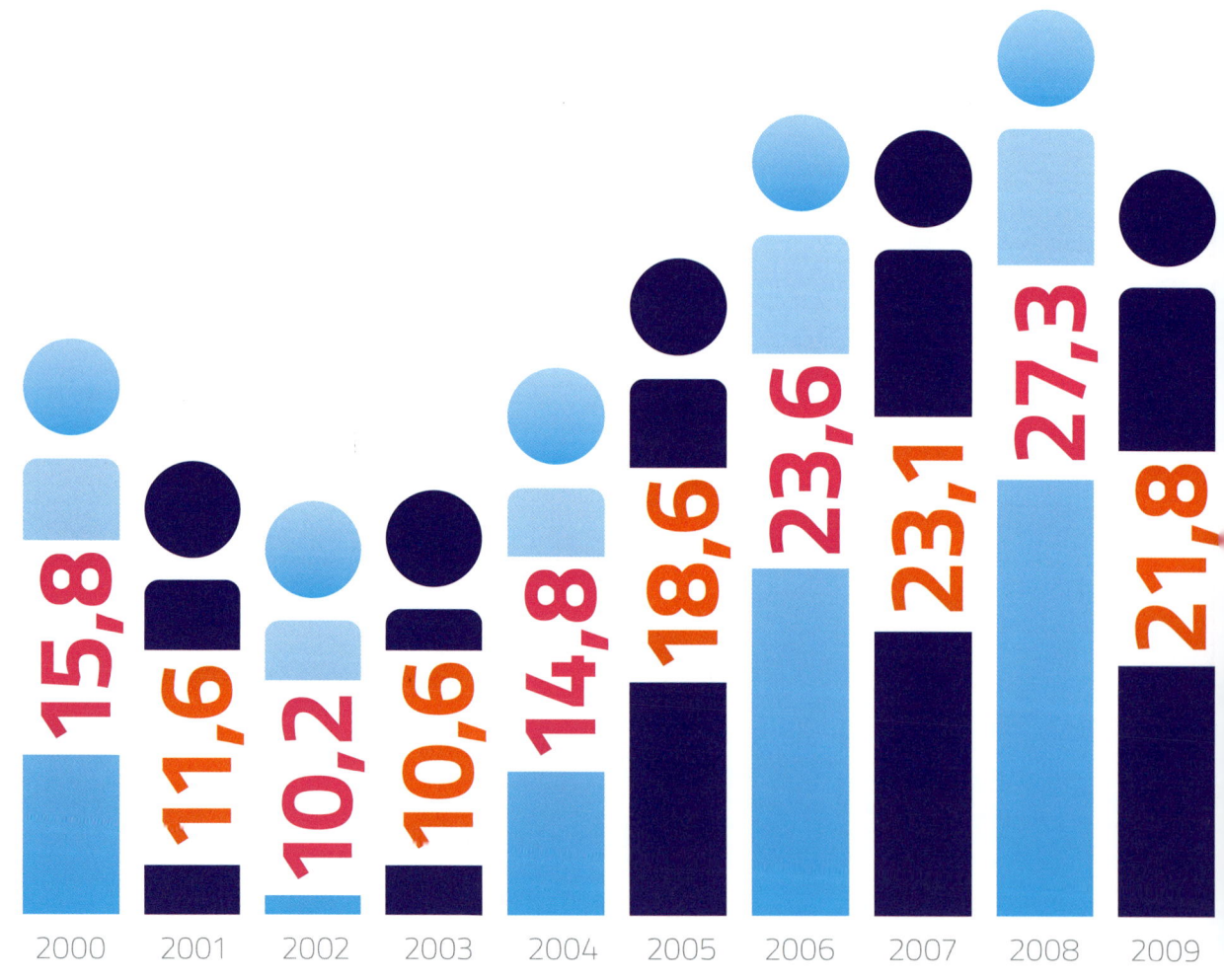

15,8 2000
11,6 2001
10,2 2002
10,6 2003
14,8 2004
18,6 2005
23,6 2006
23,1 2007
27,3 2008
21,8 2009

Stand: März 2020

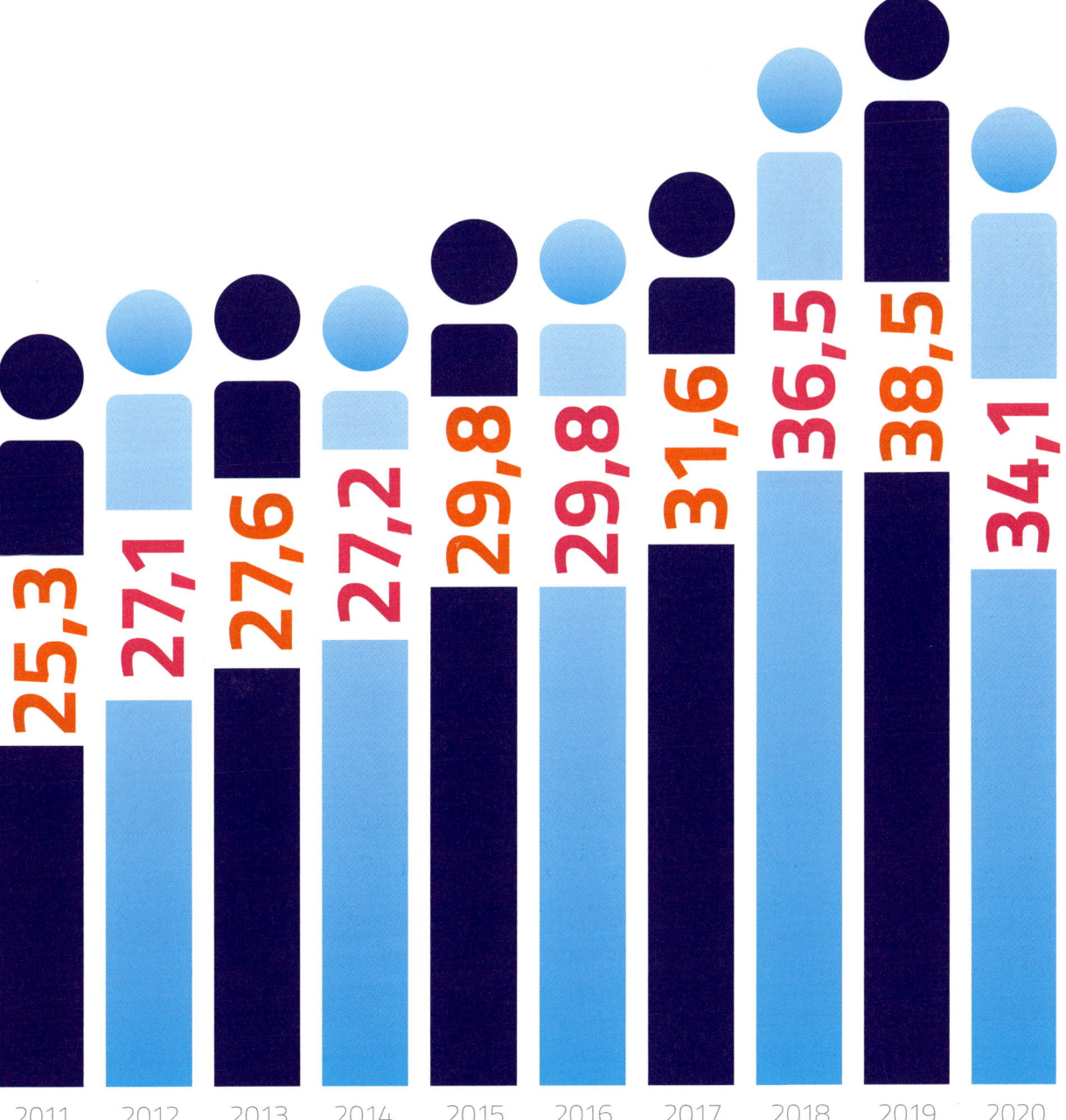

25,3 2011
27,1 2012
27,6 2013
27,2 2014
29,8 2015
29,8 2016
31,6 2017
36,5 2018
38,5 2019
34,1 2020

10,0 —

7,5 —

5,0 —

2,5 —

0,0 —

- 2,5 —

1970   1975   1980   1985   1990

DAX-Dividendenrendite vs. 10-jähriger Bundesanleihen

in Prozent

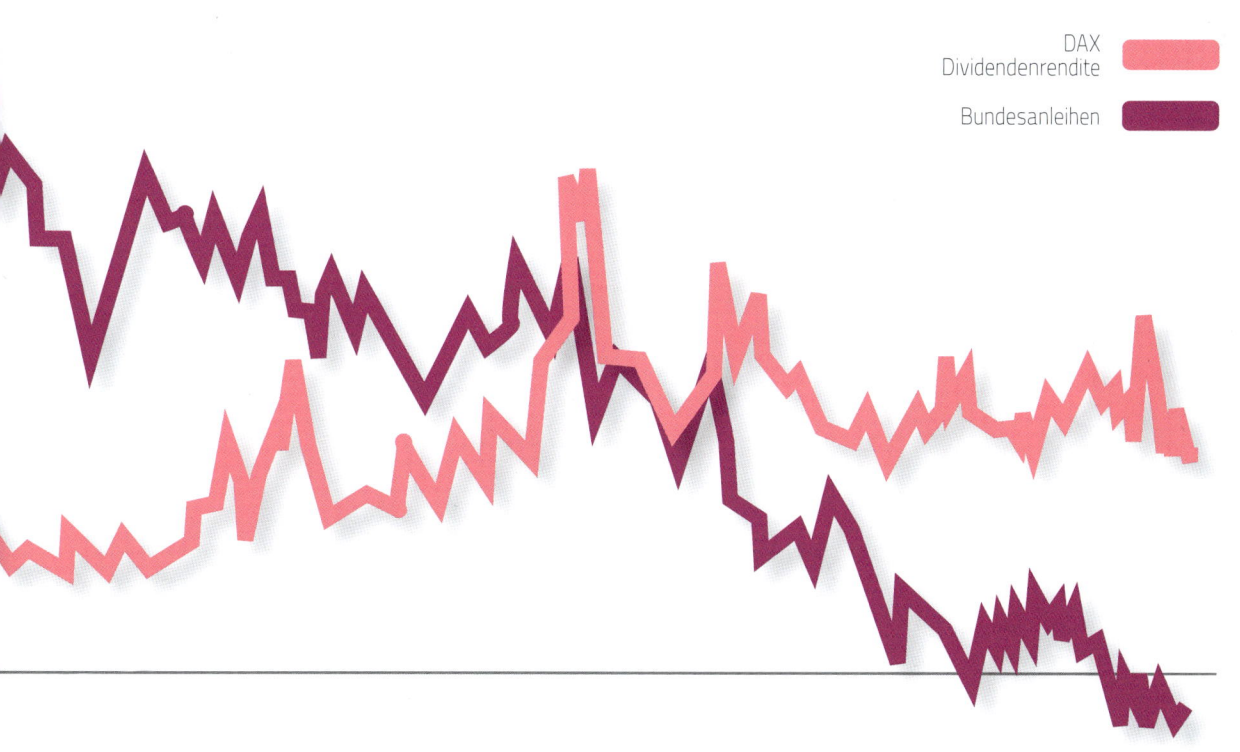

DAX Dividendenrendite

Bundesanleihen

2000 2005 2010 2015 2020

Stand: Januar 2021

Anteil ausländischer Investoren am Grundkapital

der DAX-Titel in Prozent

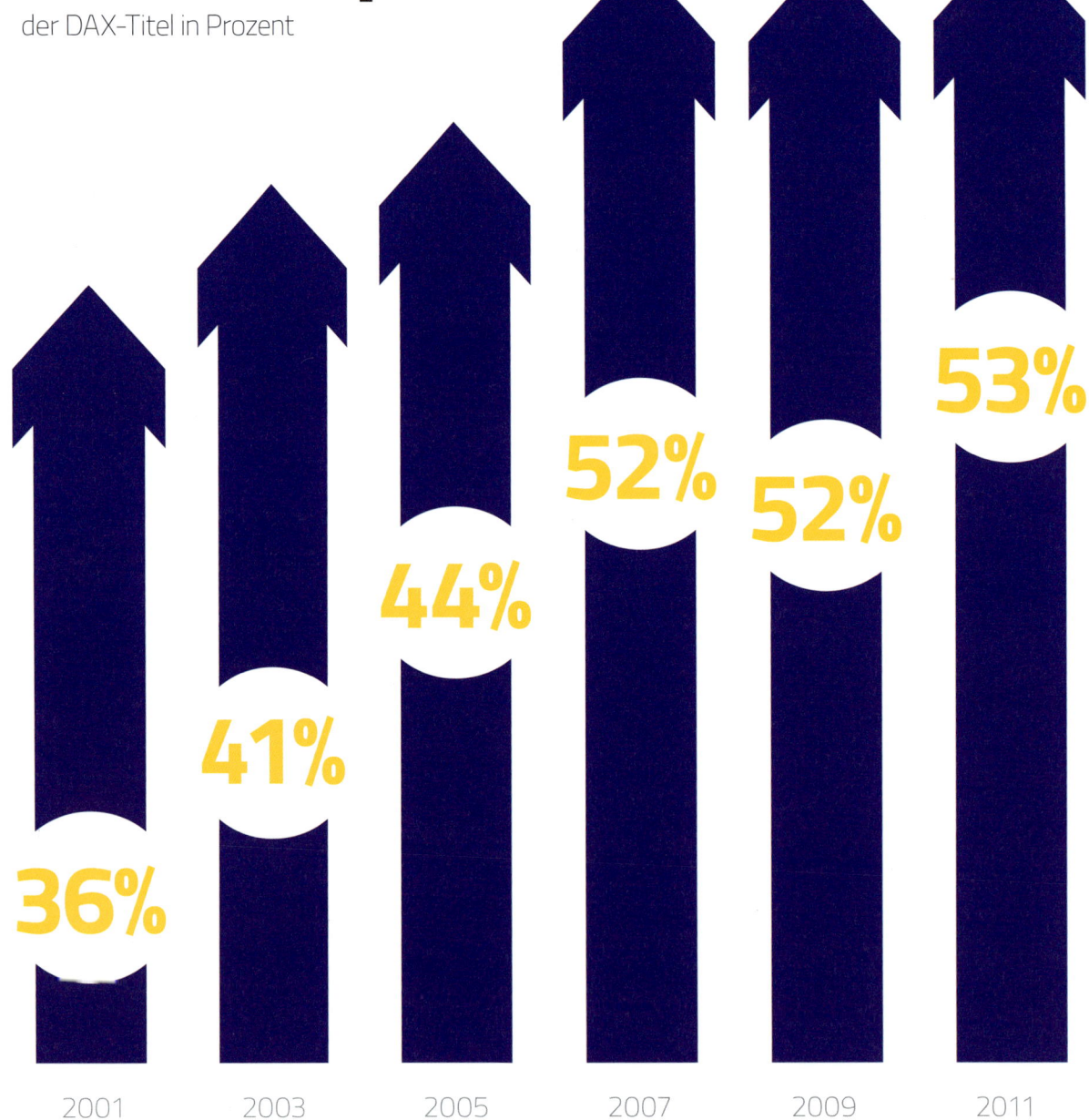

36%

41%

44%

52%

52%

53%

5

2001 2003 2005 2007 2009 2011

Stand: 2019

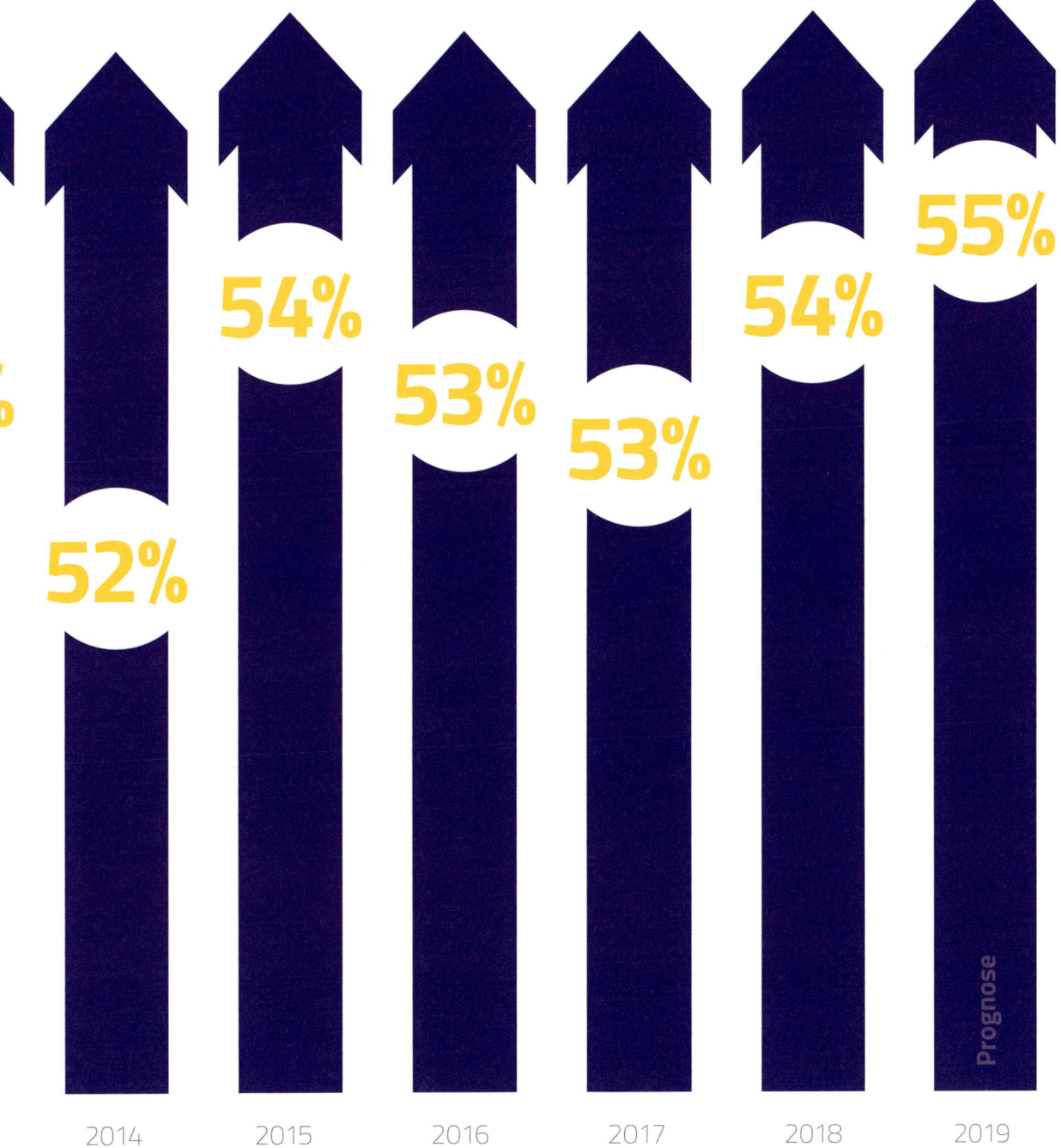

52%

54%

53%

53%

54%

55%

2014

2015

2016

2017

2018

Prognose

2019

Das DAX-Rendite-Dreieck

Wenn Sie Ende 1995 DAX-Aktien gekauft und bis Ende 2010 gehalten haben, wuchs Ihr Aktiendepot jährlich im Schnitt um 7,8 Prozent.

Jährliche Rendite in Prozent:

- Positive Rendite
- Rendite um Null
- Negative Rendite

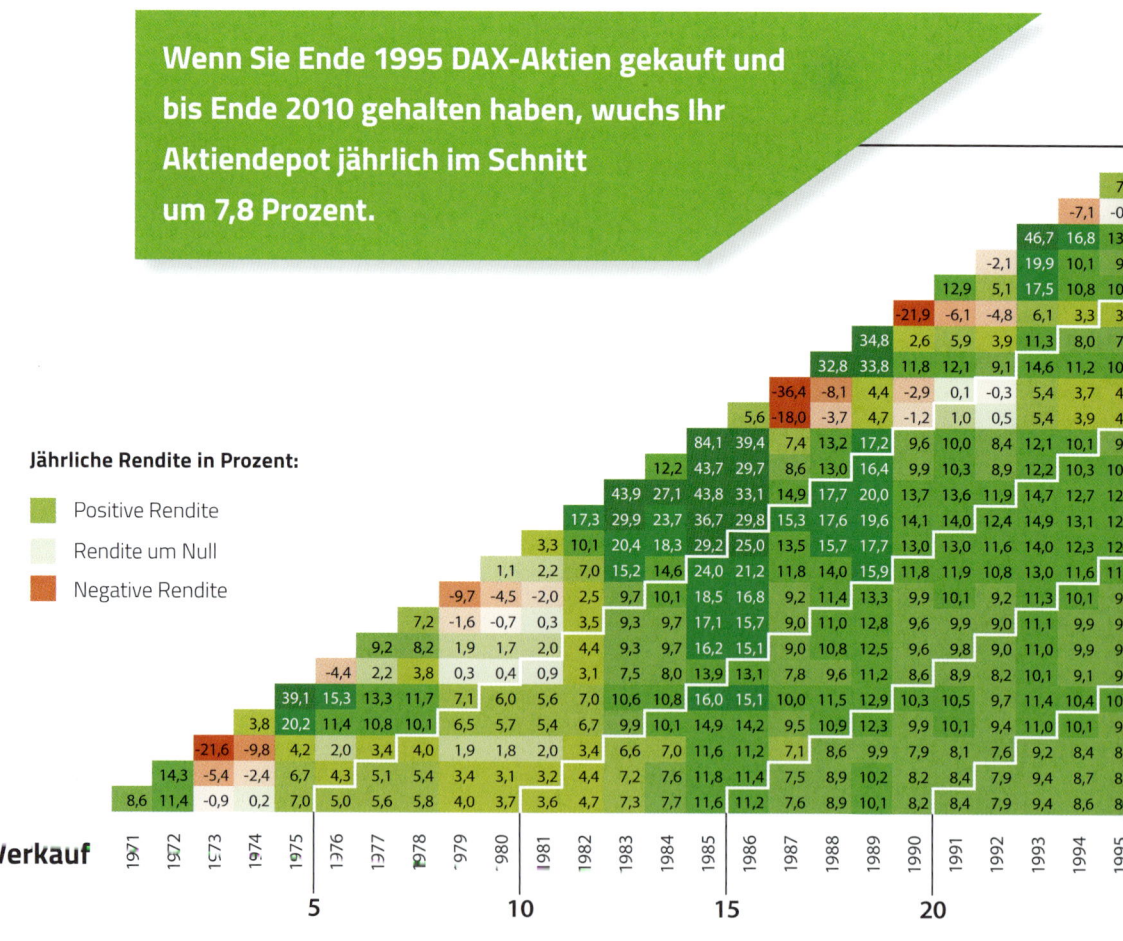

Verkauf

Das DAX-Rendite-Dreieck des Deutschen Aktieninstituts bildet die Rendite des Deutschen Aktienindex DAX in der Vergangenheit ab. Berechnungsgrundlage sind die Jahresschlussstände der jeweiligen Jahre. Bitte beachten Sie: Vergangenheitsbezogene Daten sind kein verlässlicher Indikator für die zukünftige Wertentwicklung. Auch berücksichtigt die Darstellung keine Kosten, die beim Kauf oder Verkauf von Aktien entstehen. Näheres zur Methodik entnehmen Sie bitte der Rückseite. Das Deutsche Aktieninstitut spricht keine direkte oder indirekte Empfehlung für bestimmte Aktien oder andere Finanzinstrumente aus. Das Deutsche Aktieninstitut haftet nicht für Schäden, die durch den Erwerb oder die Veräußerung einer Aktie oder eines Finanzinstruments auf Grundlage dieses Dokuments entstanden sind. Soweit ein Wertpapierdienstleistungsunternehmen im Sinne des WpHG das DAX-Rendite-Dreieck für seine Zwecke verwendet bzw. Kunden zugänglich macht, ist es für die Einhaltung der geltenden Vorschriften in vollem Umfang selbst verantwortlich.

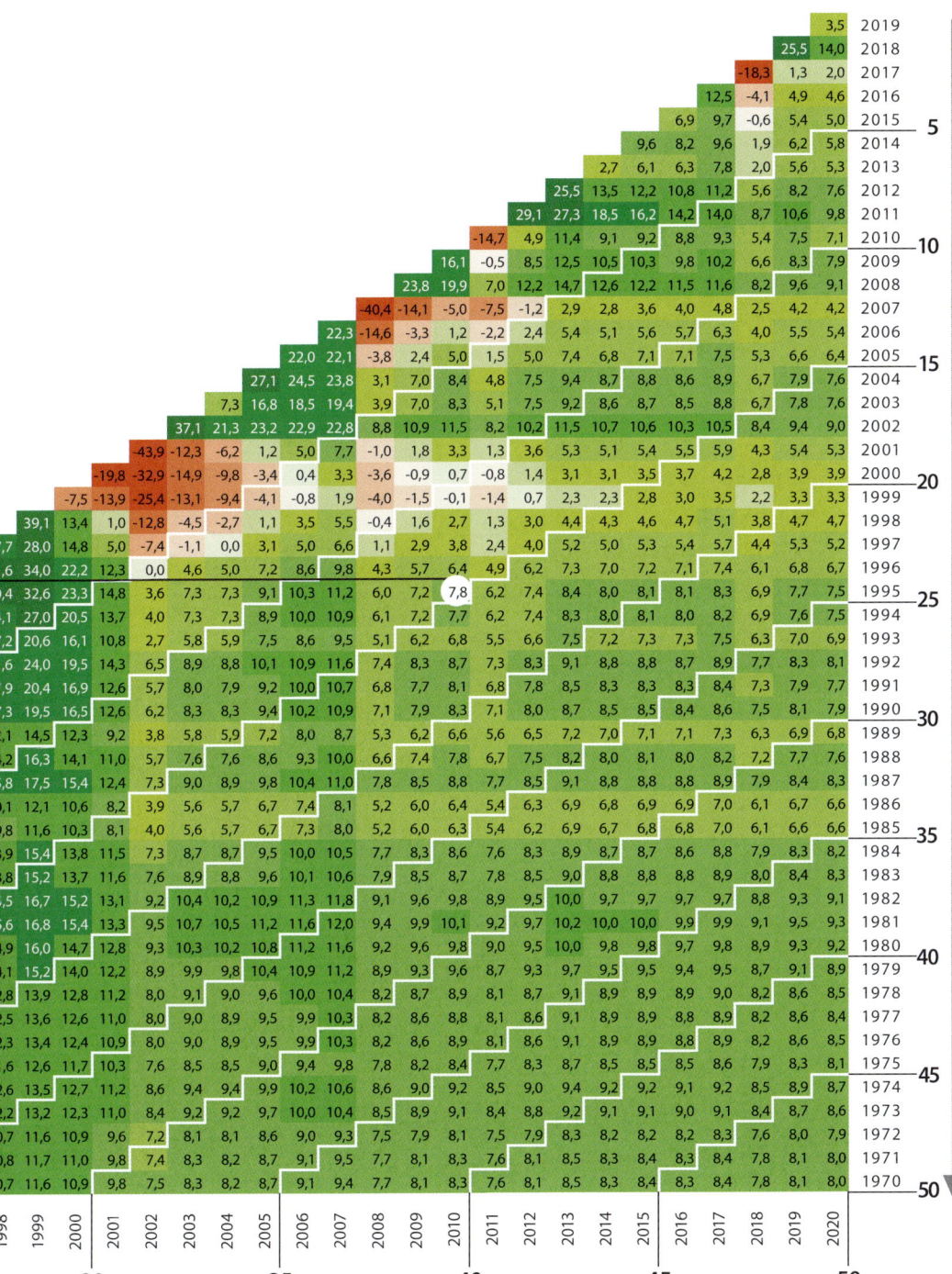

Kauf

Anlagezeitraum in Jahren

Stand: 2021

DAX-Rendite-Dreieck für die monatliche Geldanlage

Eine monatliche Geldanlage in Aktien von Ende 1995 bis Ende 2013 erbrachte eine durchschnittliche jährliche Rendite von 7,0 Prozent.

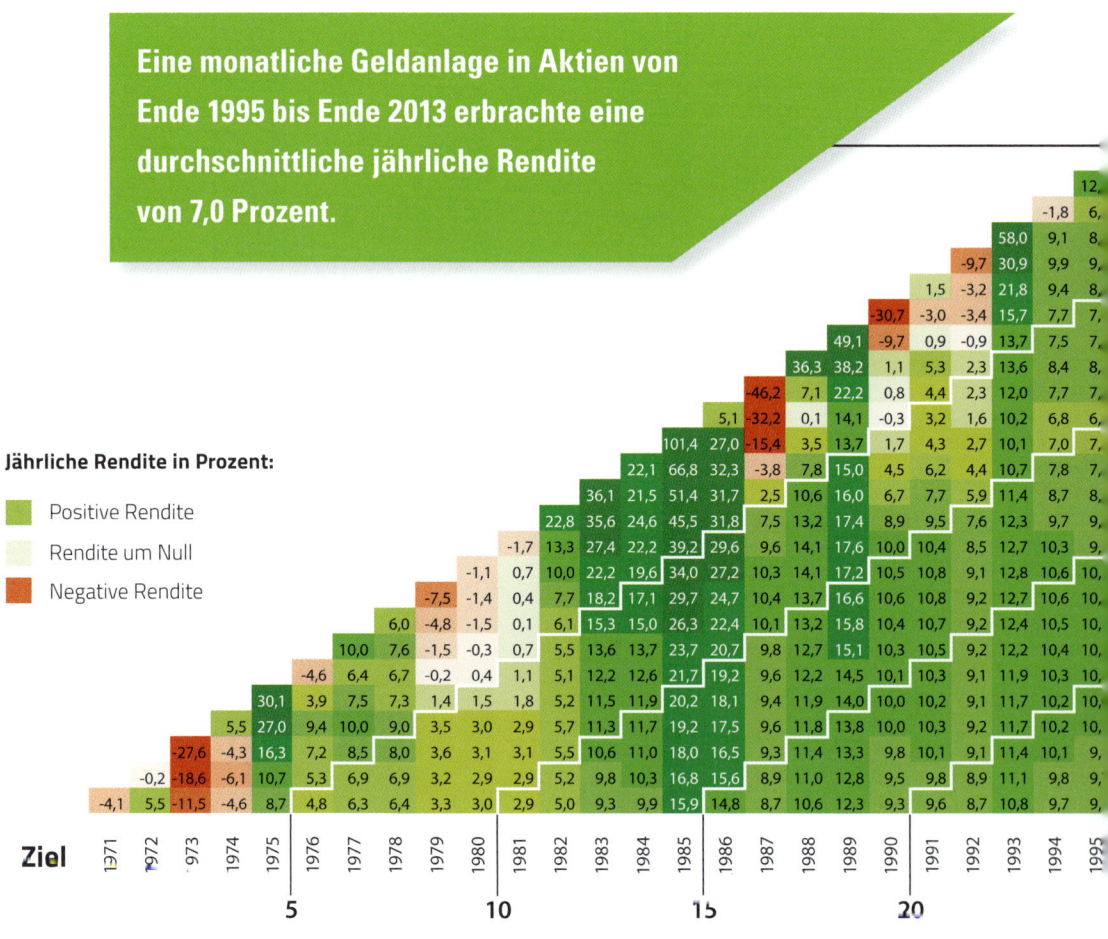

Jährliche Rendite in Prozent:

- Positive Rendite
- Rendite um Null
- Negative Rendite

Das DAX-Rendite-Dreieck des Deutschen Aktieninstituts bildet die Rendite des Deutschen Aktienindex DAX in der Vergangenheit ab. Berechnungsgrundlage sind die Jahresschlussstände der jeweiligen Jahre. Bitte beachten Sie: Vergangenheitsbezogene Daten sind kein verlässlicher Indikator für die zukünftige Wertentwicklung. Auch berücksichtigt die Darstellung keine Kosten, die beim Kauf oder Verkauf von Aktien entstehen. Näheres zur Methodik entnehmen Sie bitte der Rückseite. Das Deutsche Aktieninstitut spricht keine direkte oder indirekte Empfehlung für bestimmte Aktien oder andere Finanzinstrumente aus. Das Deutsche Aktieninstitut haftet nicht für Schäden, die durch den Erwerb oder die Veräußerung einer Aktie oder eines Finanzinstruments auf Grundlage dieses Dokments entstanden sind. Soweit ein Wertpapierdienstleistungsunternehmen im Sinne des WpHG das DAX-Rendite-Dreieck für seine Zwecke verwendet bzw. Kunden zugänglich macht, ist es für die Einhaltung der geltenden Vorschriften in vollem Umfang selbst verantwortlich.

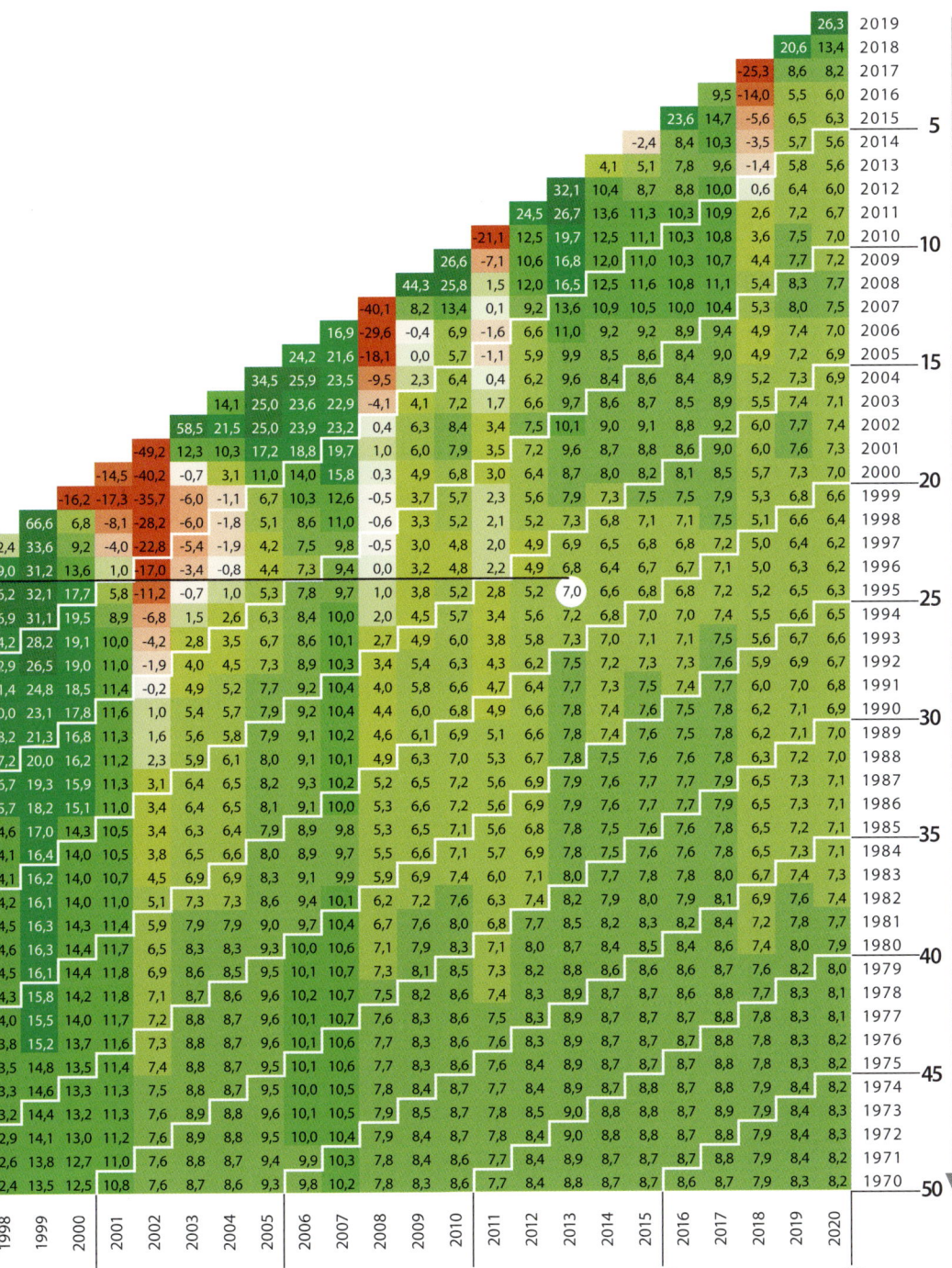

Das EURO-STOXX-Rendite-Dreieck

Ein Investor, der 2002 Aktien gekauft hat und sie im Jahr 2009 verkaufte, erreichte im Durchschnitt eine jährliche Rendite von 6,0 Prozent.

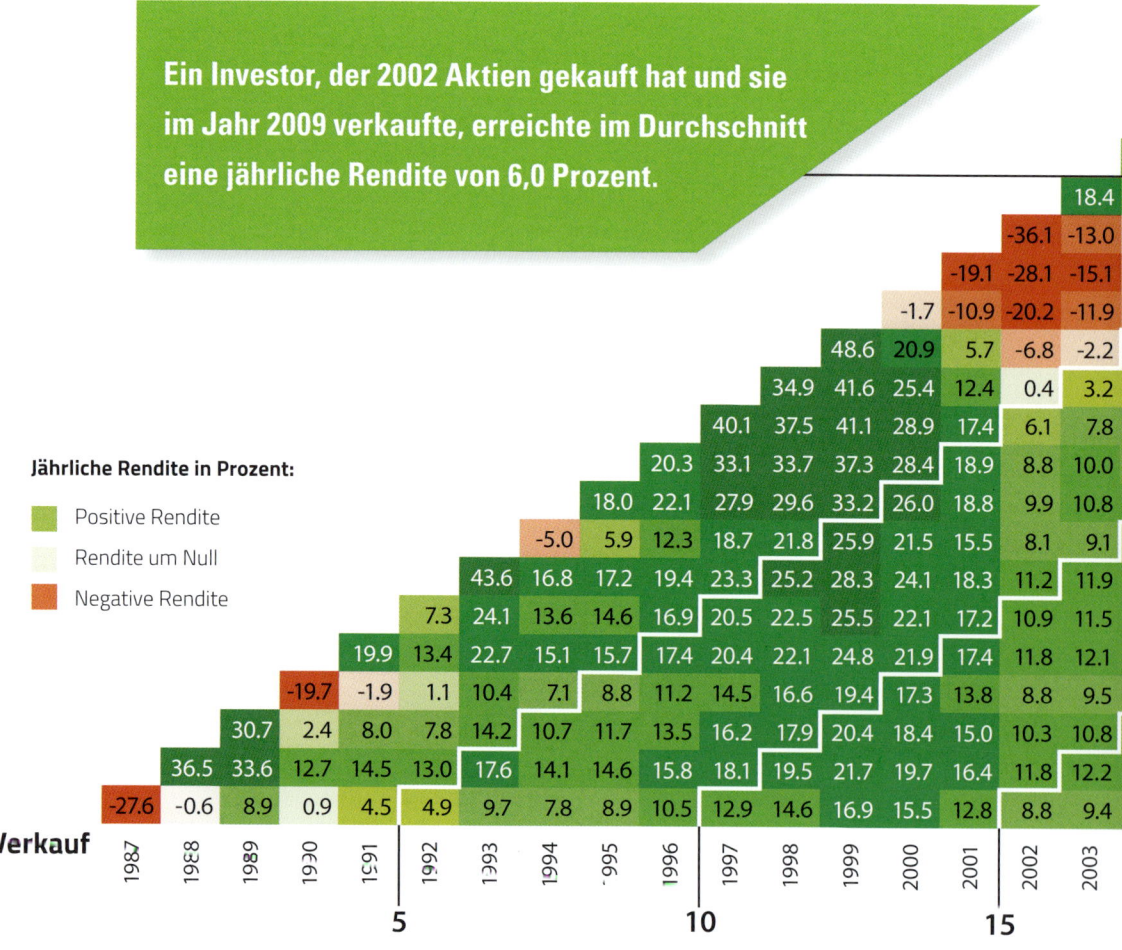

Jährliche Rendite in Prozent:

- Positive Rendite
- Rendite um Null
- Negative Rendite

The EuroStoxx Return Triangle visualizes the performance of the Euro Stoxx 50® Net Return Index in the past. Past performance is not indicative of future results. Transaction costs are not included in the calculation. Calculations are based on the index values at end of year.

Kauf — **Anlagezeitraum in Jahren**

2006	2007	2008	2009	2010	2011	2012	2013	2014	2015	2016	2017	2018	2019	2020	Kauf
														-3,2	2019
													28,2	11,4	2018
												-12,0	6,2	3,0	2017
											9,2	-2,0	7,2	4,5	2016
										3,7	6,4	-0,1	6,3	4,3	2015
									6,4	5,1	6,4	1,5	6,3	4,7	2014
								4,0	5,2	4,7	5,8	2,0	5,9	4,6	2013
							21,5	12,4	10,4	8,7	8,8	5,0	8,0	6,6	2012
						18.1	19,8	14,3	12,3	10,5	10,3	6,8	9,2	7,8	2011
					-14.1	0.7	7,2	6,4	6,4	5,9	6,4	3,9	6,4	5,4	2010
				-2.9	-8.7	-0.5	4,6	4,5	4,8	4,6	5,2	3,1	5,4	4,6	2009
			25.5	10.4	1.6	5.4	8,5	7,7	7,5	7,0	7,3	5,2	7,1	6,2	2008
		-42.3	-14.9	-11.1	-11.8	-6.5	-2,4	-1,5	-0,5	-0,1	0,8	-0,4	1,7	1,3	2007
	9.6	-20.5	-7.4	-6.3	-7.9	-4.0	-0,7	-0,2	0,6	0,9	1,6	0,4	2,3	1,9	2006
18.0	13.7	-9.3	-1.6	-1.9	-4.0	-1.1	1,4	1,7	2,2	2,3	2,9	1,6	3,3	2,9	2005
21.1	17.2	-1.9	3.1	2.1	-0.4	1.7	3,8	3,8	4,0	4,0	4,4	3,1	4,6	4,1	2004
17.1	15.2	0.3	4.1	3.1	0.8	2.6	4,3	4,3	4,5	4,4	4,7	3,5	4,9	4,4	2003
17.4	15.8	3.1	6.0	4.9	2.6	4.0	5,5	5,4	5,5	5,3	5,6	4,4	5,7	5,2	2002
4.0	4.9	-3.7	-0.5	-0.7	-2.2	-0.5	1,2	1,4	1,8	1,9	2,3	1,4	2,8	2,4	2001
-0.3	1.1	-5.8	-2.7	-2.7	-3.8	-2.2	-0,5	-0,2	0,2	0,4	0,9	0,2	1,5	1,2	2000
-0.5	0.7	-5.3	-2.6	-2.7	-3.7	-2.1	-0,6	-0,3	0,1	0,3	0,8	0,1	1,3	1,1	1999
4.6	5.2	-1.0	1.2	0.8	-0.4	0.8	2,1	2,2	2,4	2,5	2,9	2,1	3,2	2,9	1998
7.6	7.8	1.9	3.6	3.1	1.8	2.8	3,9	3,9	4,0	4,0	4,3	3,4	4,4	4,1	1997
10.5	10.4	4.6	6.1	5.4	4.0	4.8	5,7	5,6	5,7	5,6	5,7	4,9	5,8	5,4	1996
11.9	11.7	6.1	7.4	6.7	5.3	6.0	6,8	6,6	6,6	6,5	6,6	5,7	6,6	6,2	1995
12.3	12.1	6.9	8.1	7.4	6.0	6.6	7,3	7,2	7,1	7,0	7,1	6,2	7,0	6,6	1994
10.9	10.8	6.1	7.2	6.6	5.3	6.0	6,7	6,6	6,6	6,4	6,5	5,7	6,5	6,1	1993
13.0	12.7	8.1	9.1	8.4	7.1	7.6	8,2	8,0	7,9	7,8	7,8	7,0	7,7	7,3	1992
12.6	12.4	8.1	9.0	8.3	7.1	7.6	8,2	8,0	7,9	7,7	7,8	7,0	7,7	7,3	1991
13.0	12.8	8.7	9.5	8.9	7.6	8.1	8,7	8,5	8,4	8,2	8,2	7,4	8,1	7,7	1990
10.8	10.7	7.0	7.8	7.3	6.2	6.7	7,3	7,2	7,1	7,0	7,1	6,4	7,0	6,7	1989
11.8	11.7	8.1	8.8	8.3	7.2	7.6	8,1	8,0	7,9	7,8	7,8	7,1	7,7	7,4	1988
13.0	12.8	9.3	10.0	9.4	8.3	8.6	9,1	8,9	8,8	8,7	8,7	7,9	8,5	8,1	1987
10.5	10.5	7.2	8.0	7.5	6.5	7.0	7,5	7,3	7,3	7,2	7,3	6,6	7,2	6,9	1986

Anlagezeitraum-Markierungen: 5, 10, 15, 20, 25, 30

Untere Achse: 20 — 25 — 30

Stand: 2021

105

Rohstoff-
Perspektiven

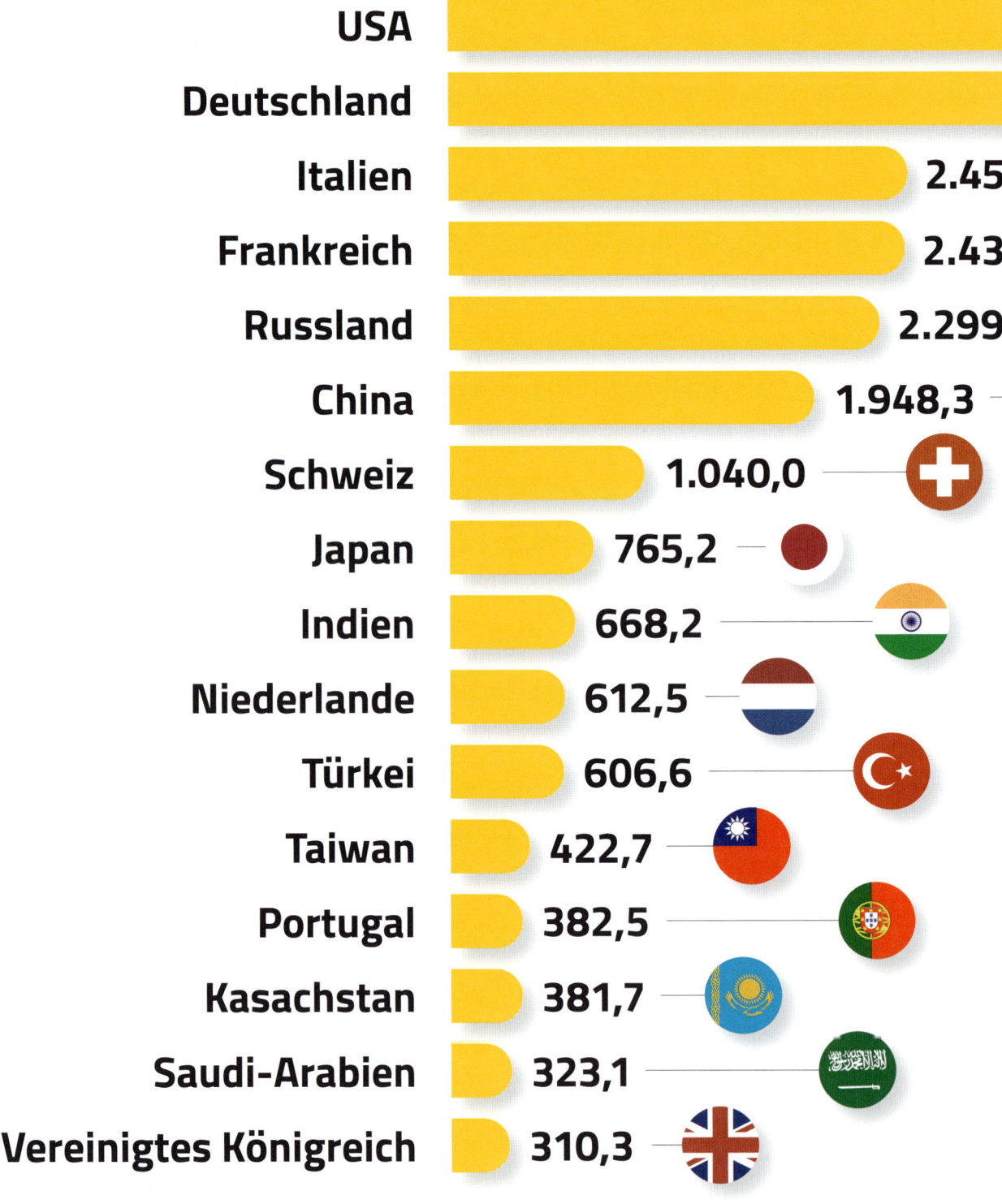

USA	
Deutschland	
Italien	2.451
Frankreich	2.436
Russland	2.299,
China	1.948,3
Schweiz	1.040,0
Japan	765,2
Indien	668,2
Niederlande	612,5
Türkei	606,6
Taiwan	422,7
Portugal	382,5
Kasachstan	381,7
Saudi-Arabien	323,1
Vereinigtes Königreich	310,3

 **8.133,5**

.362,4

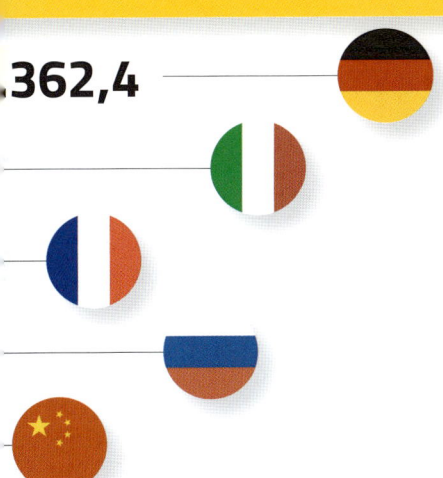

Länder mit den größten Goldreserven

in Tonnen

Stand: 2020

Der Goldpreis seit Einführung des Euros

in Euro

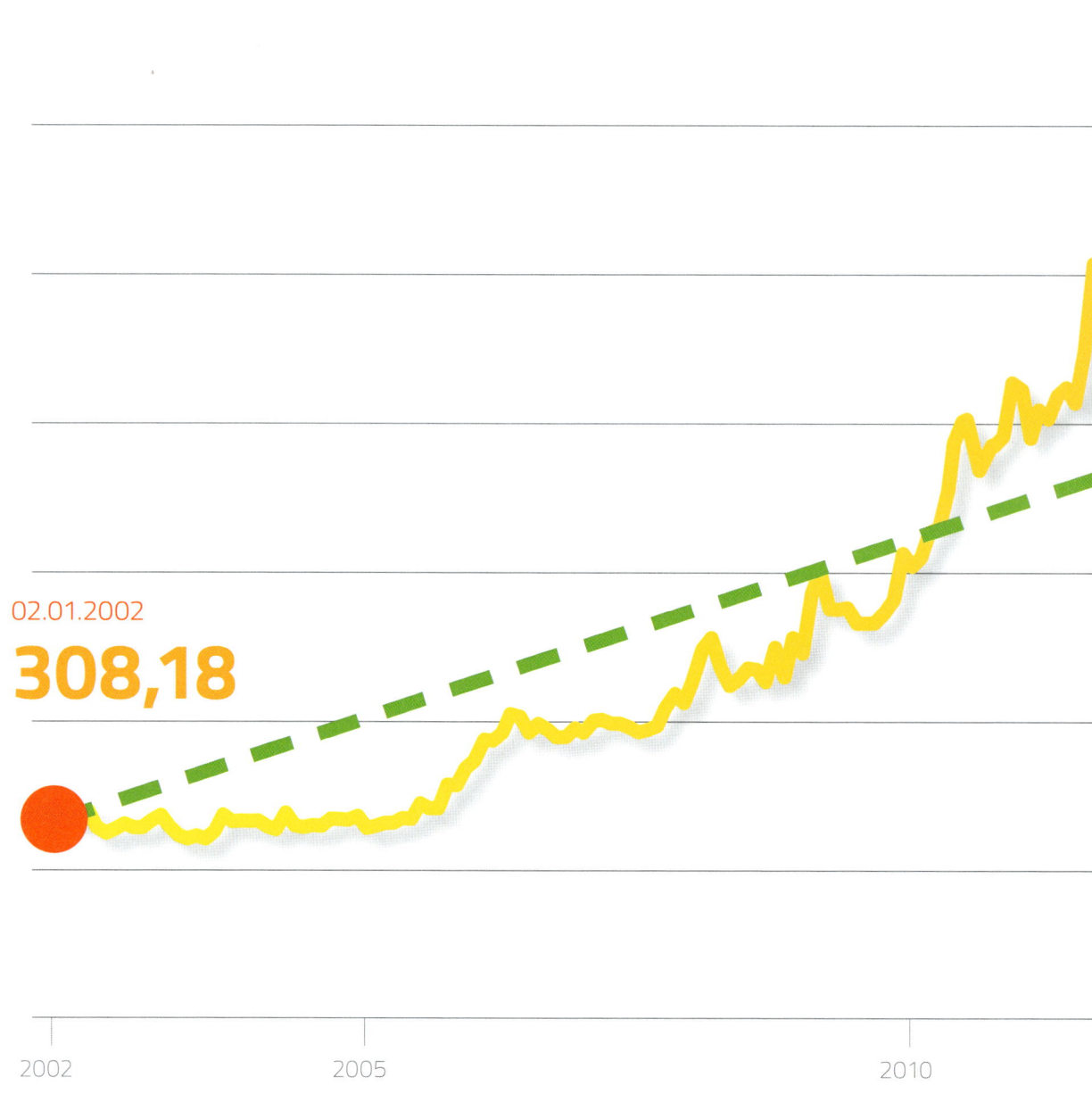

02.01.2002

308,18

2002   2005   2010

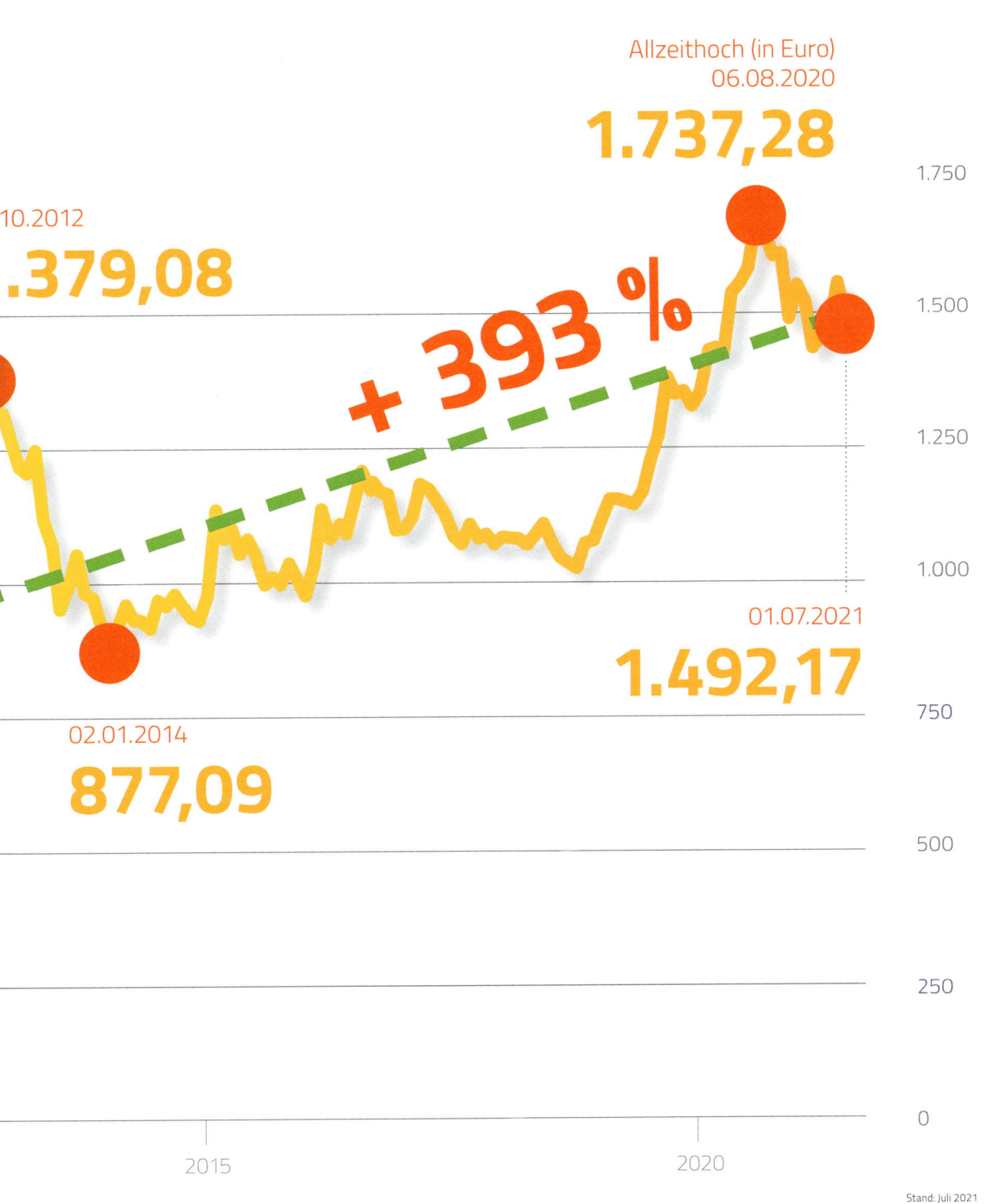

Allzeithoch (in Euro)
06.08.2020
1.737,28

10.2012
.379,08

+ 393 %

01.07.2021
1.492,17

02.01.2014
877,09

1.750

1.500

1.250

1.000

750

500

250

0

2015

2020

Stand: Juli 2021

Das gesamte jemals abgebaute Gold

in einem Würfel

Brandenburger Tor
26 Meter hoch

Stand: 2021

Angenommen, Sie bekommen einen Barren Gold geschenkt,
wo würden Sie diesen aufbewahren?

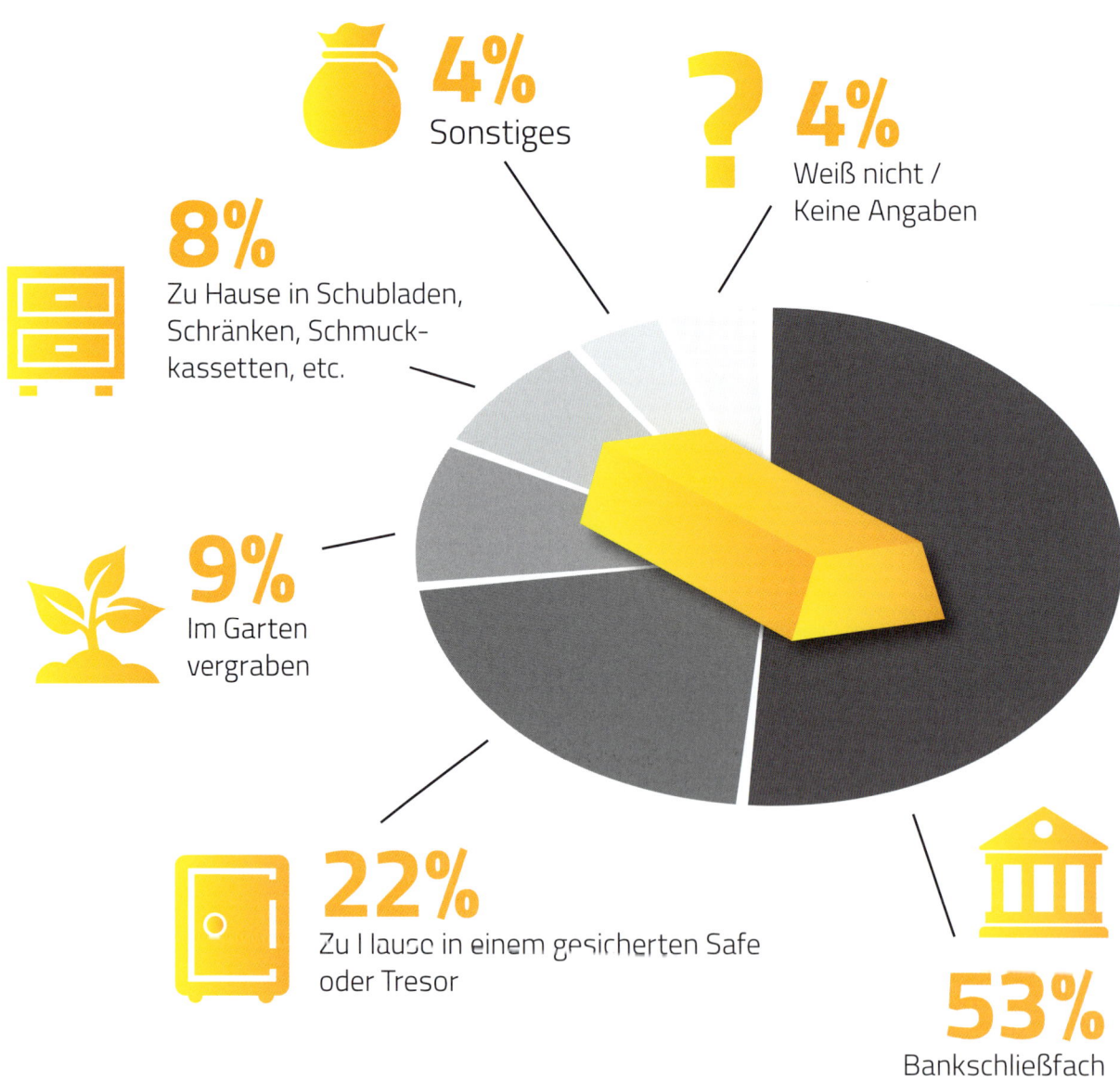

4% Sonstiges

4% Weiß nicht / Keine Angaben

8% Zu Hause in Schubladen, Schränken, Schmuckkassetten, etc.

9% Im Garten vergraben

22% Zu Hause in einem gesicherten Safe oder Tresor

53% Bankschließfach

Stand: Juli 2018

So lagern die Deutschen ihr Gold

Könnten Sie sich vorstellen, in Gold zu investieren?

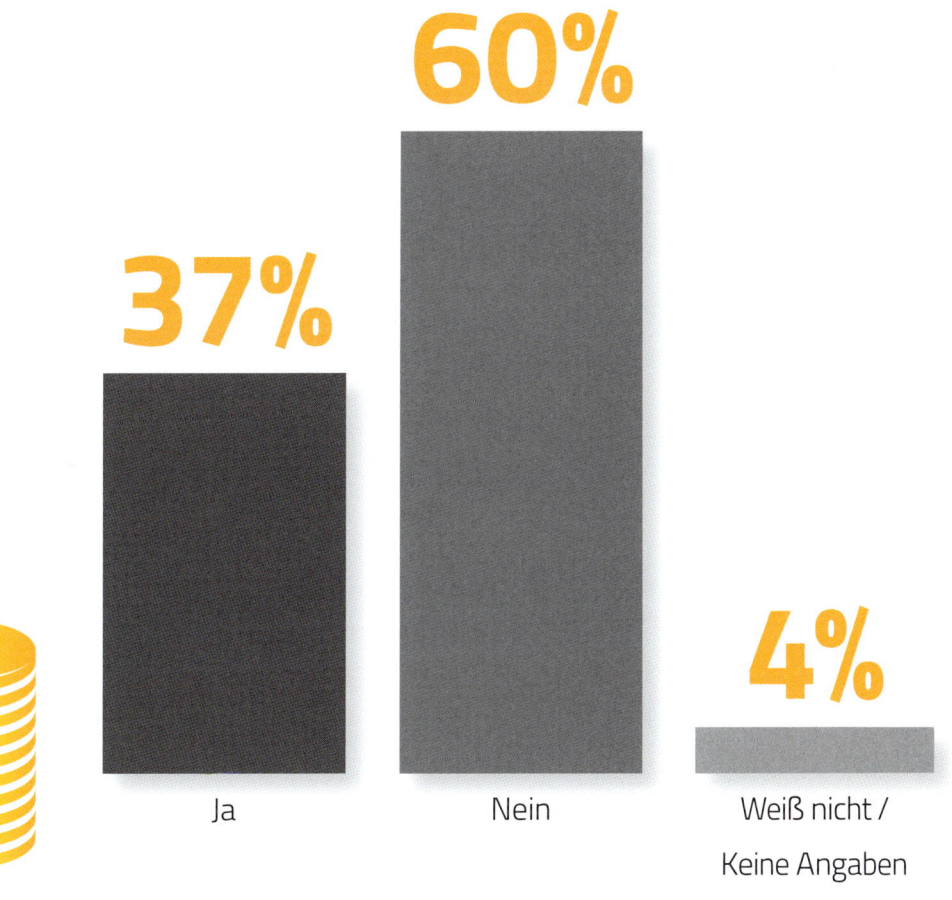

60%

37%

4%

Ja

Nein

Weiß nicht /
Keine Angaben

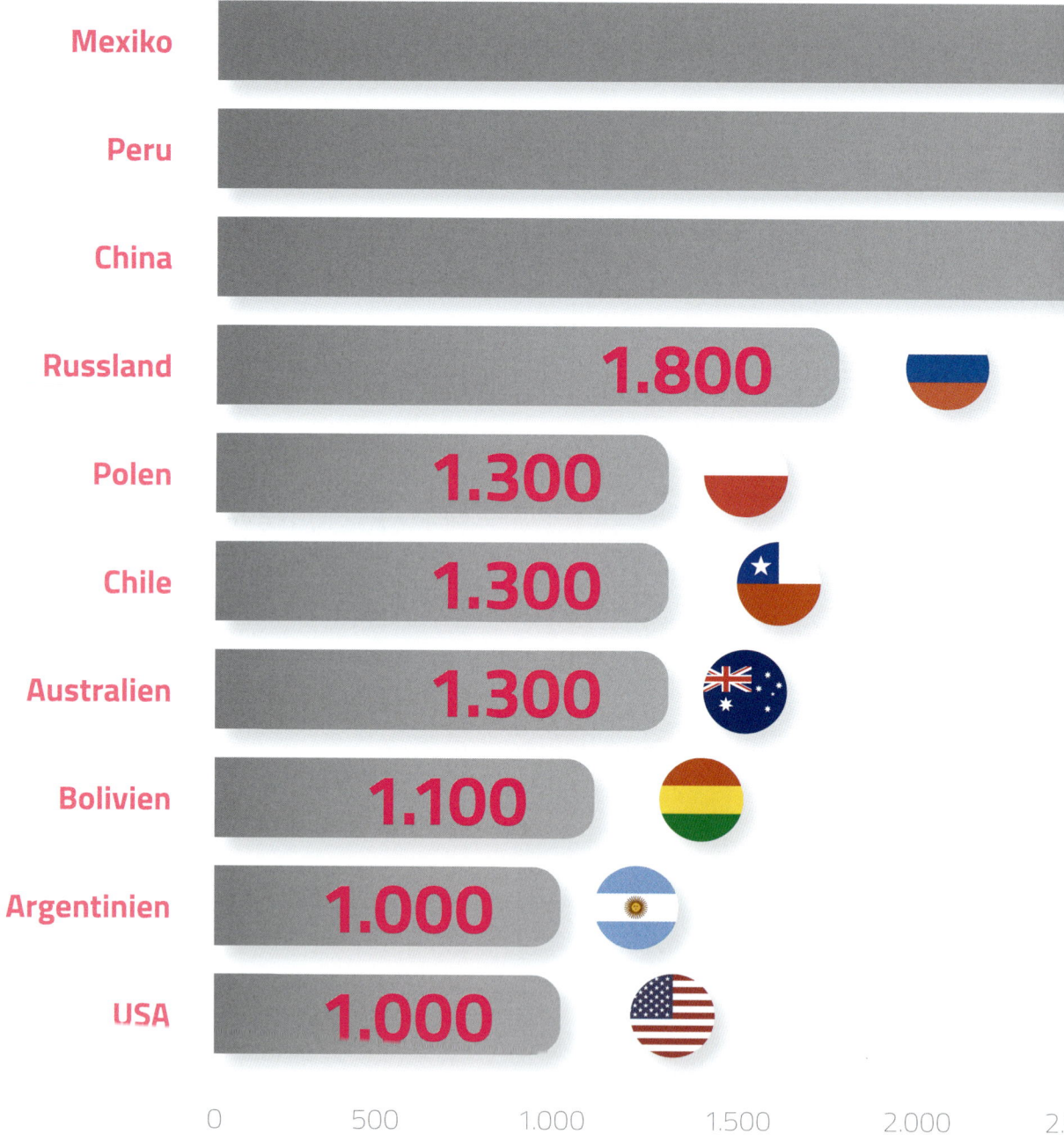

Mexiko	
Peru	
China	
Russland	1.800
Polen	1.300
Chile	1.300
Australien	1.300
Bolivien	1.100
Argentinien	1.000
USA	1.000

0   500   1.000   1.500   2.000   2.5

Stand: 2020

5.600

3.400

200

Minenproduktion von Silber

in Tonnen

3.000   3.500   4.000   4.500   5.000   5.500

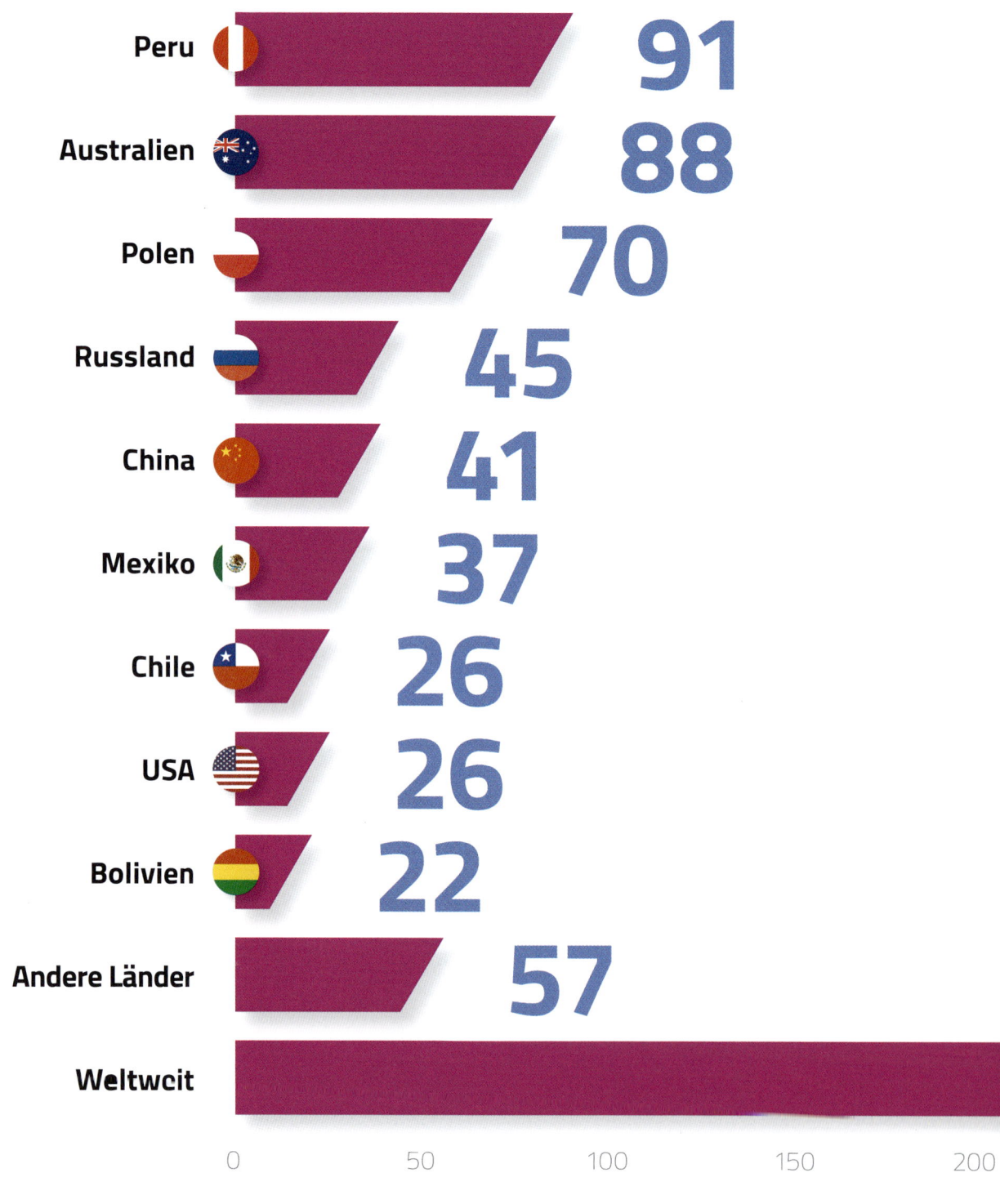

Peru	91
Australien	88
Polen	70
Russland	45
China	41
Mexiko	37
Chile	26
USA	26
Bolivien	22
Andere Länder	57
Weltweit	

0   50   100   150   200

Stand: 2020

Silberreserven ausgewählter Länder

in 1.000 Tonnen

500

250 300 350 400 450 500

Der Ölpreis seit 1970

Preis für ein Barrel Opec-Rohöl (= 159 Liter)
im Jahresdurchschnitt in US-Dollar

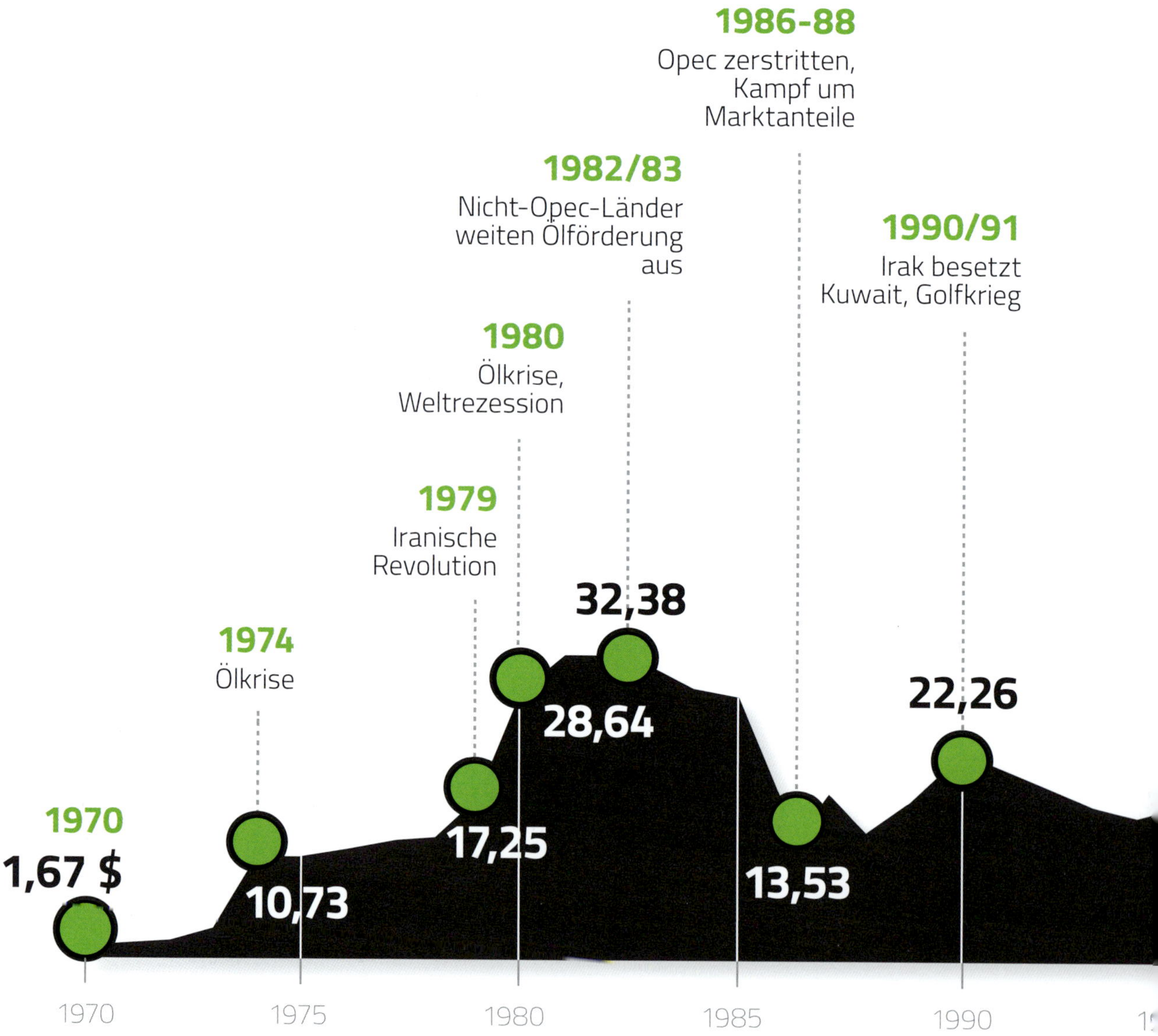

1986-88
Opec zerstritten,
Kampf um
Marktanteile

1982/83
Nicht-Opec-Länder
weiten Ölförderung
aus

1990/91
Irak besetzt
Kuwait, Golfkrieg

1980
Ölkrise,
Weltrezession

1979
Iranische
Revolution

32,38

1974
Ölkrise

28,64

22,26

1970
1,67 $

17,25

10,73

13,53

1970   1975   1980   1985   1990

Stand: Oktober 2021

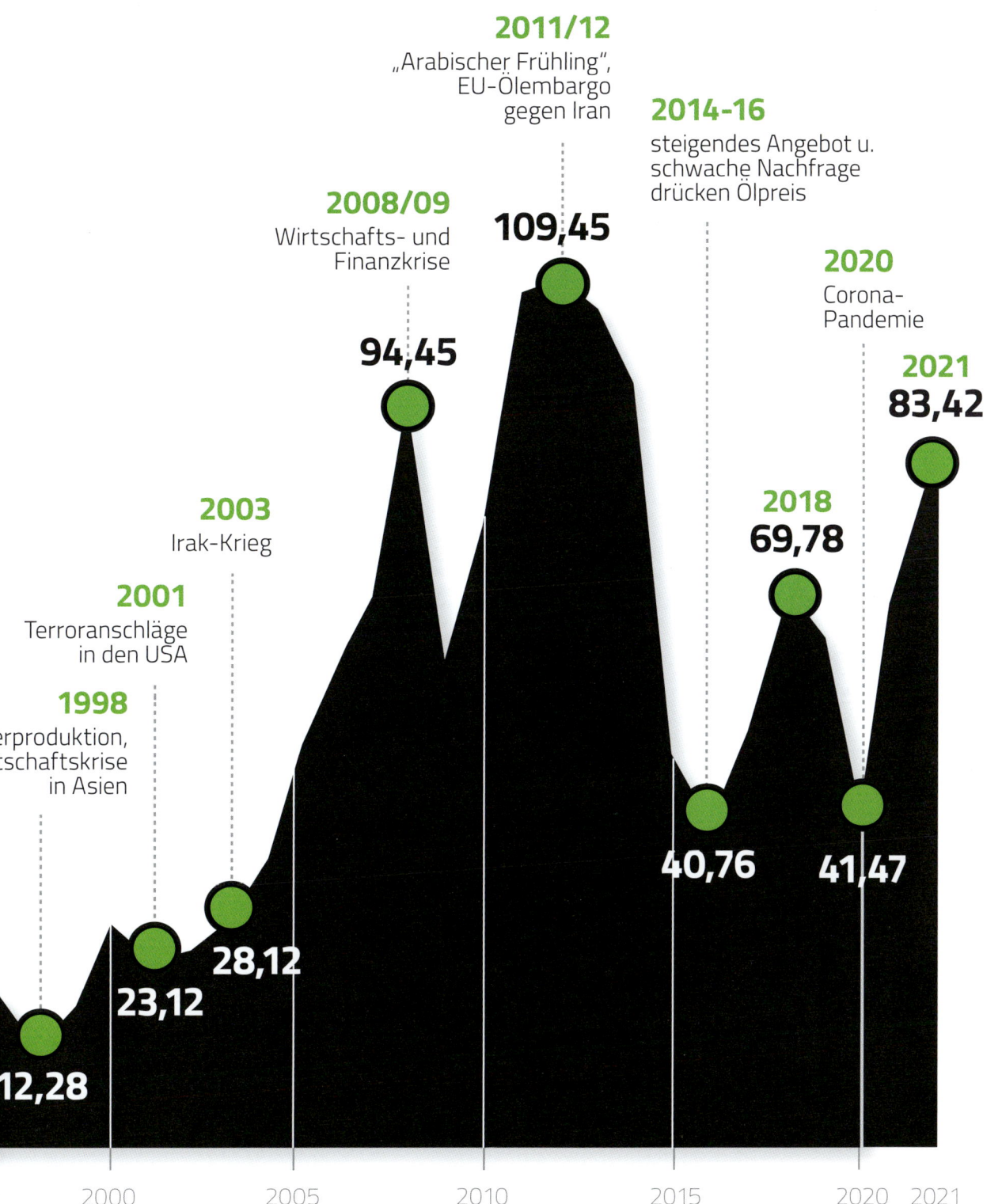

2011/12
„Arabischer Frühling",
EU-Ölembargo
gegen Iran

2014-16
steigendes Angebot u.
schwache Nachfrage
drücken Ölpreis

2008/09
Wirtschafts- und
Finanzkrise

109,45

2020
Corona-
Pandemie

94,45

2021
83,42

2003
Irak-Krieg

2018
69,78

2001
Terroranschläge
in den USA

1998
erproduktion,
tschaftskrise
in Asien

40,76

41,47

28,12

23,12

12,28

2000   2005   2010   2015   2020 2021

Die größten staatlichen Ölkonzerne

Einnahmen der Unternehmen in US-Dollar

Kolumbien

PDVSA
$23B

8

5

PETROBRAS
$77M

Brasilien

Stand: 2019

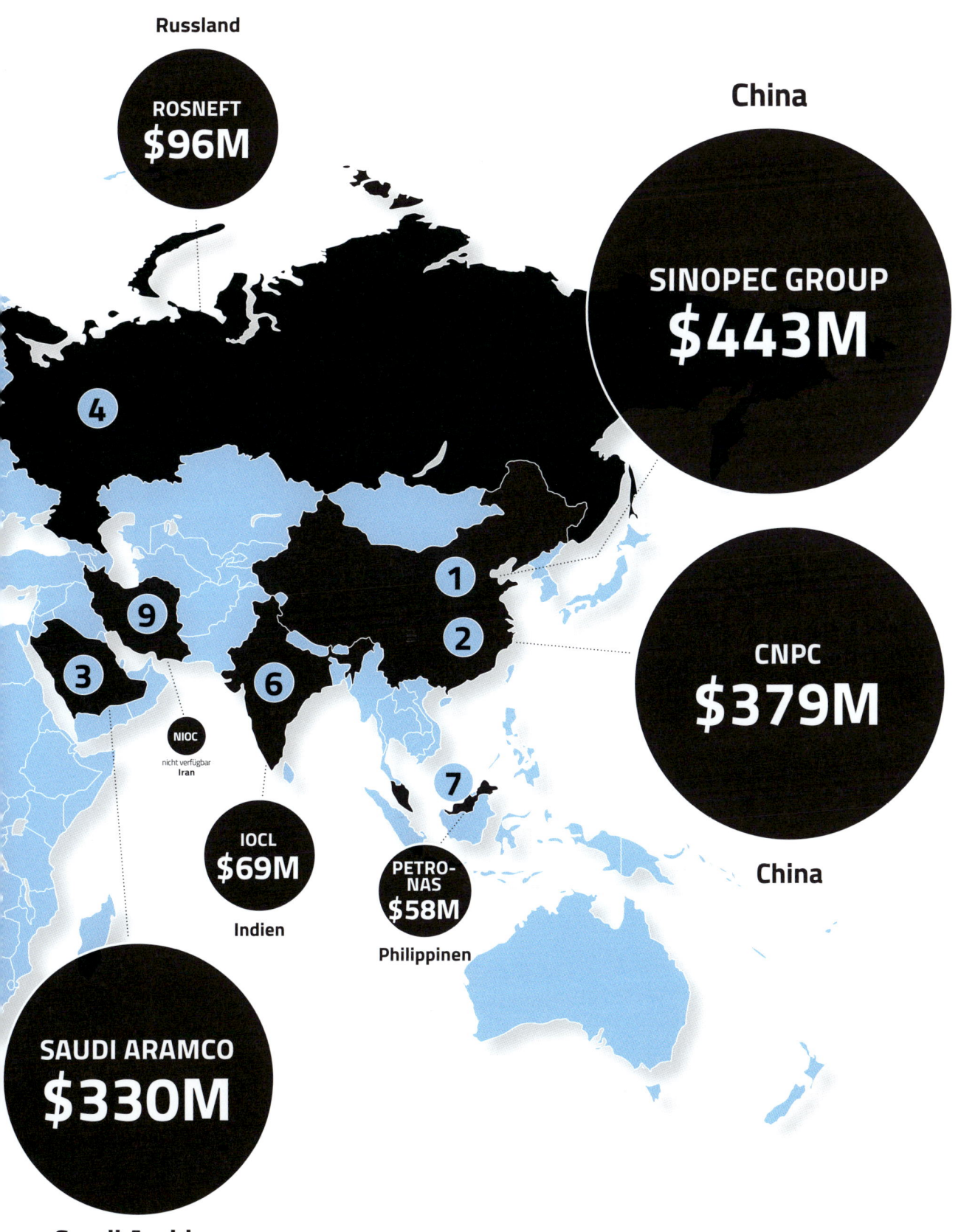

Russland

ROSNEFT
$96M

China

SINOPEC GROUP
$443M

4

1

2

9

3

6

NIOC
nicht verfügbar
Iran

IOCL
$69M

Indien

7

CNPC
$379M

China

PETRO-NAS
$58M

Philippinen

SAUDI ARAMCO
$330M

Saudi Arabien

Bitcoin, Silber und Gold im Vergleich

in US-Dollar

Gold

+ 62,8 %

in 5 Jahren

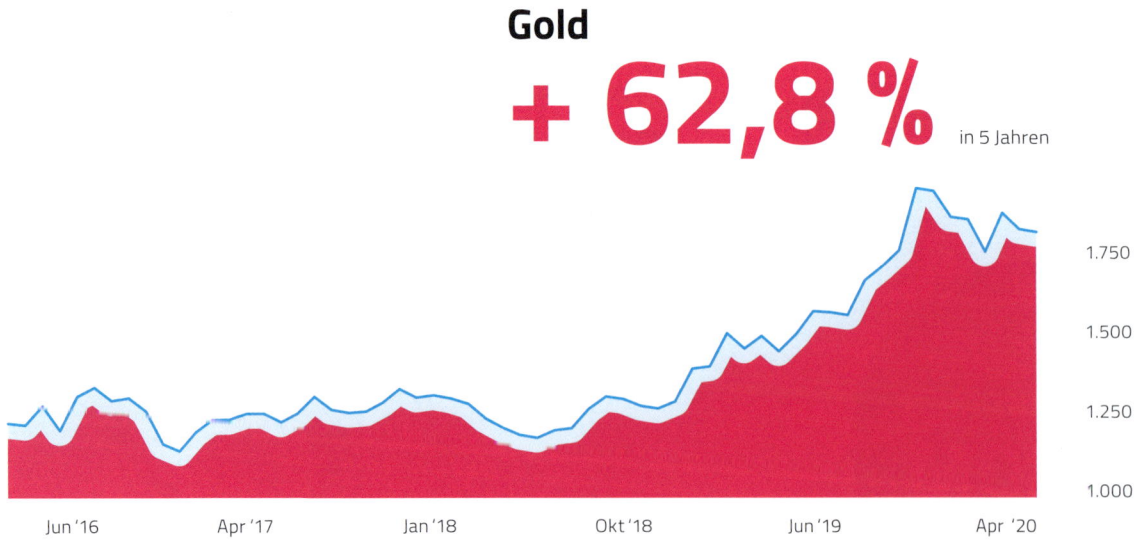

Stand: April 2021

Bitcoin
+ 8830,6 % in 5 Jahren

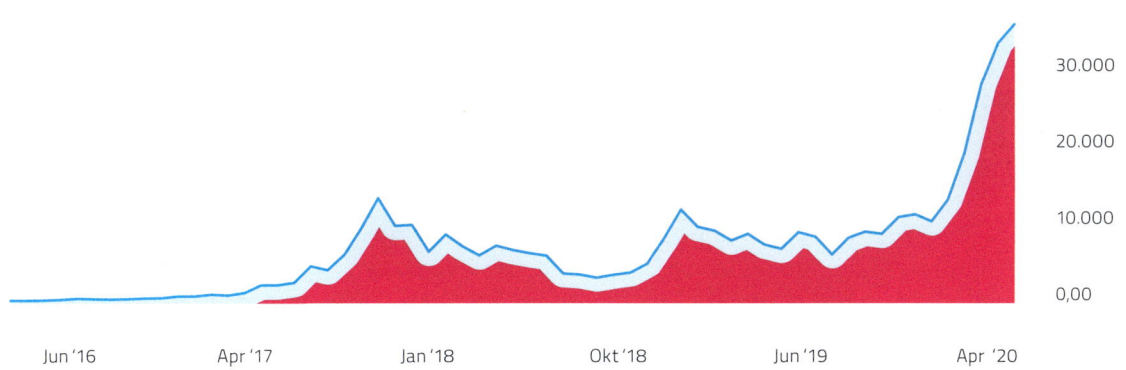

Jun '16	Apr '17	Jan '18	Okt '18	Jun '19	Apr '20

30.000
20.000
10.000
0,00

Silber
+ 87,4 % in 5 Jahren

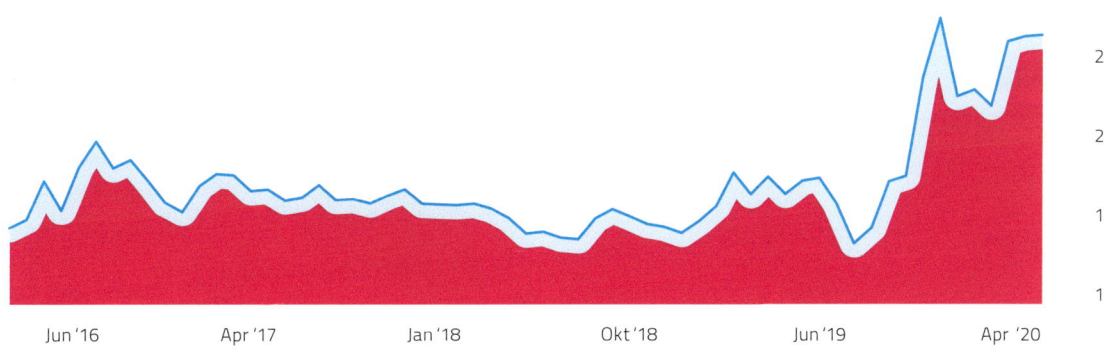

Jun '16	Apr '17	Jan '18	Okt '18	Jun '19	Apr '20

25,00
20,00
15,00
10,00

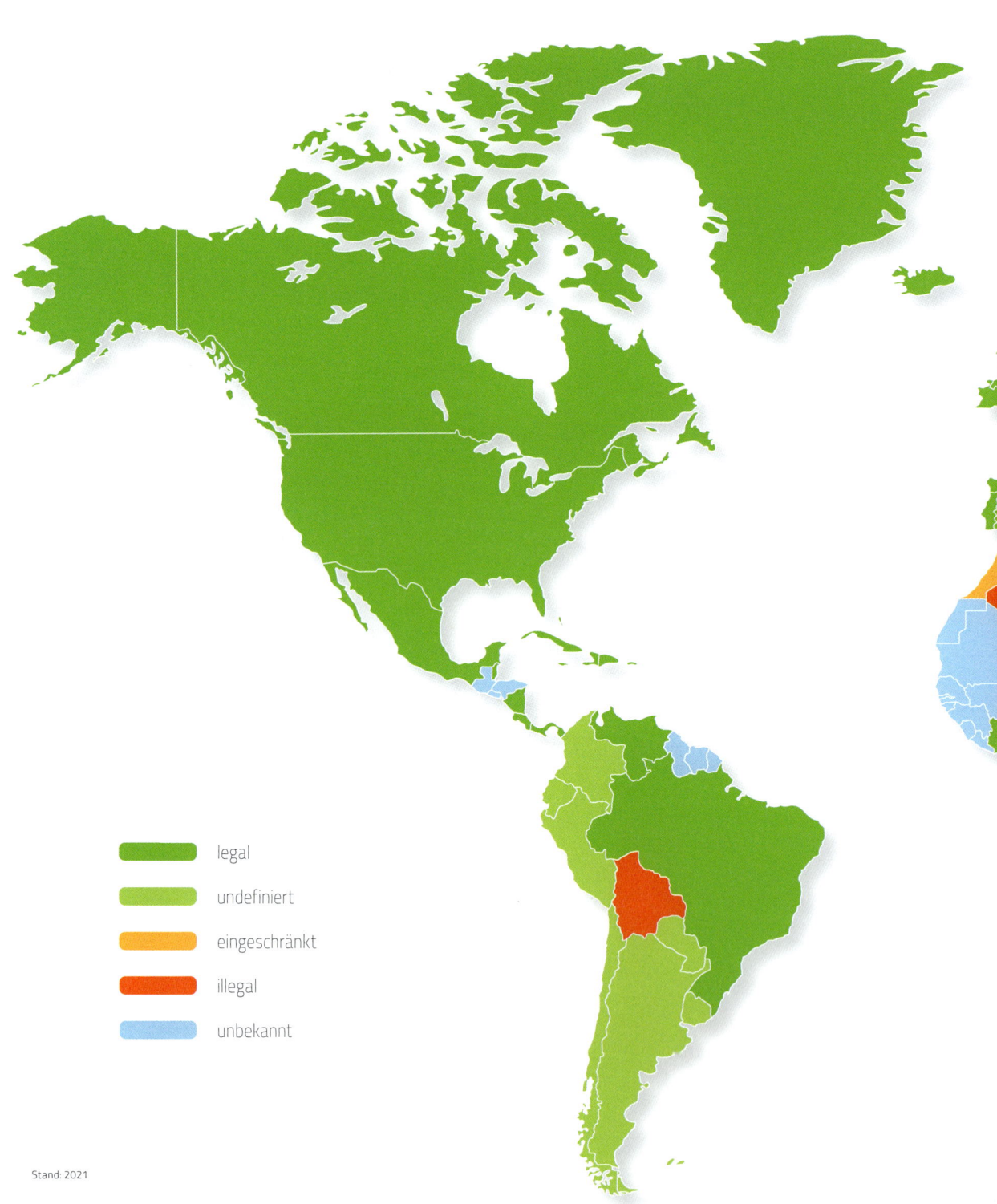

legal
undefiniert
eingeschränkt
illegal
unbekannt

Stand: 2021

Bitcoin-Status weltweit

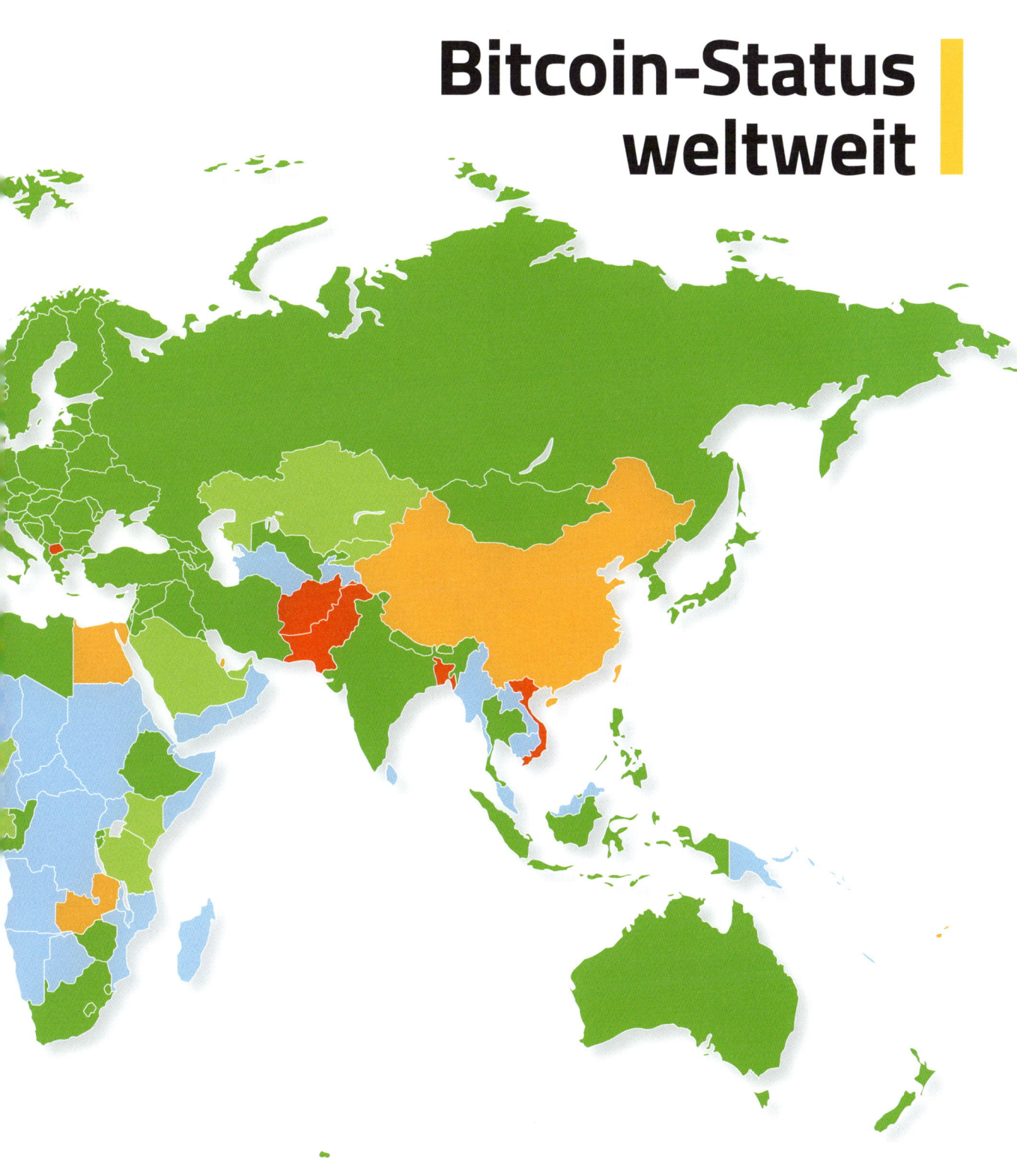

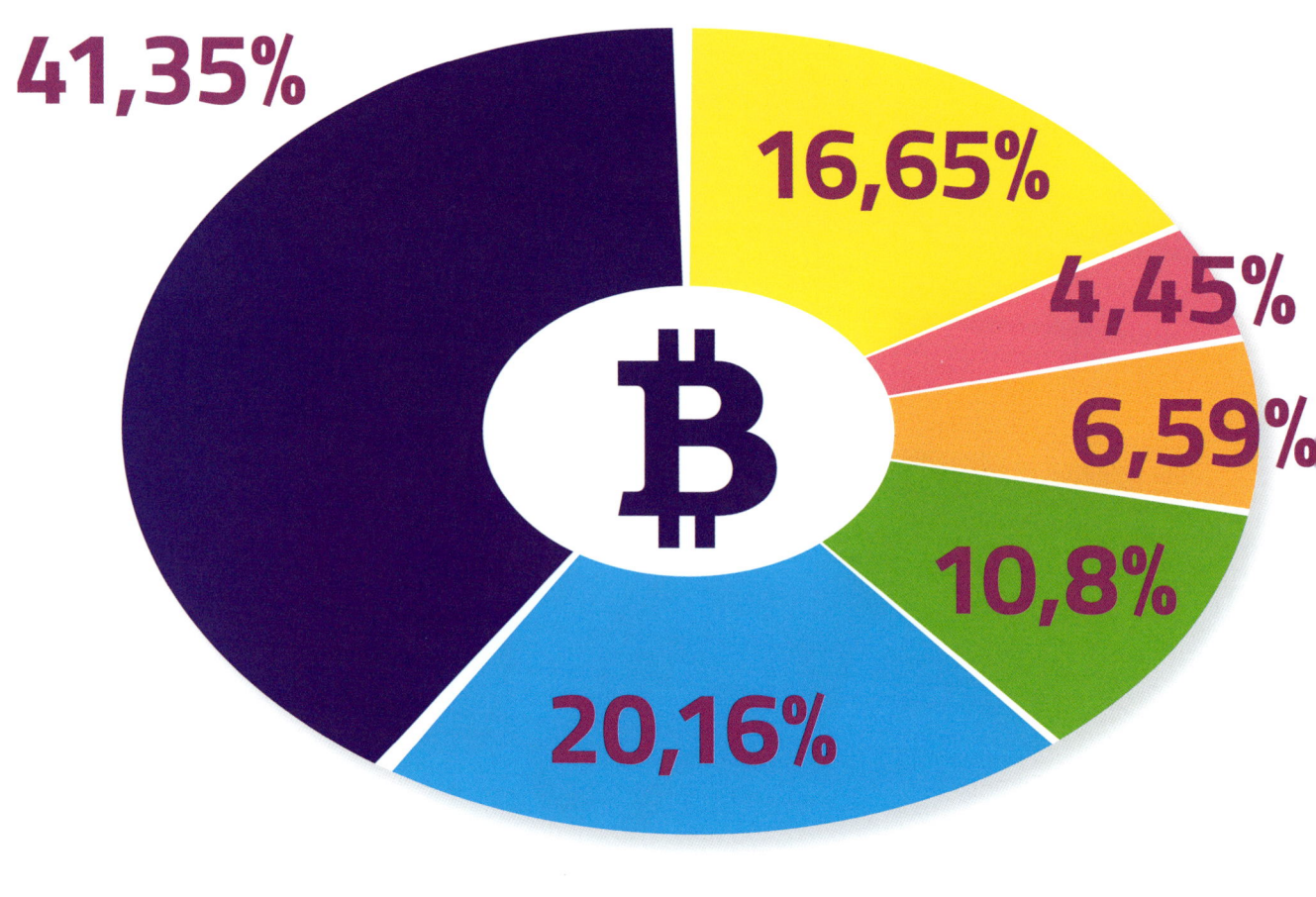

41,35%

16,65%

4,45%

6,59%

10,8%

20,16%

	18 – 24		25 – 34		35 – 44
	45 – 54		55 – 64		65+

Stand: 2021

Die Bitcoin-Community

nach Alter und Geschlecht

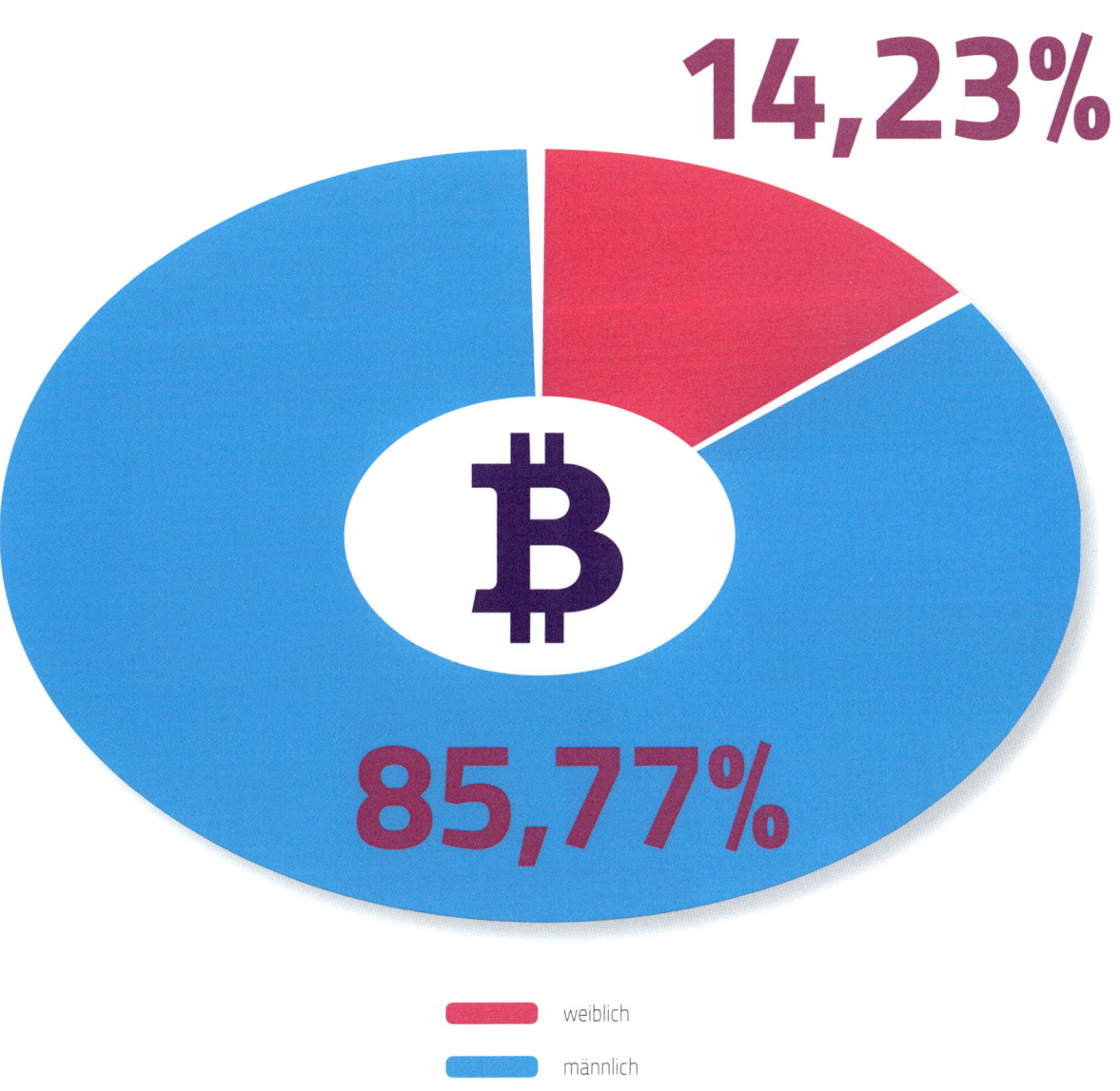

14,23%

85,77%

weiblich
männlich

Aktionärs-Perspektiven

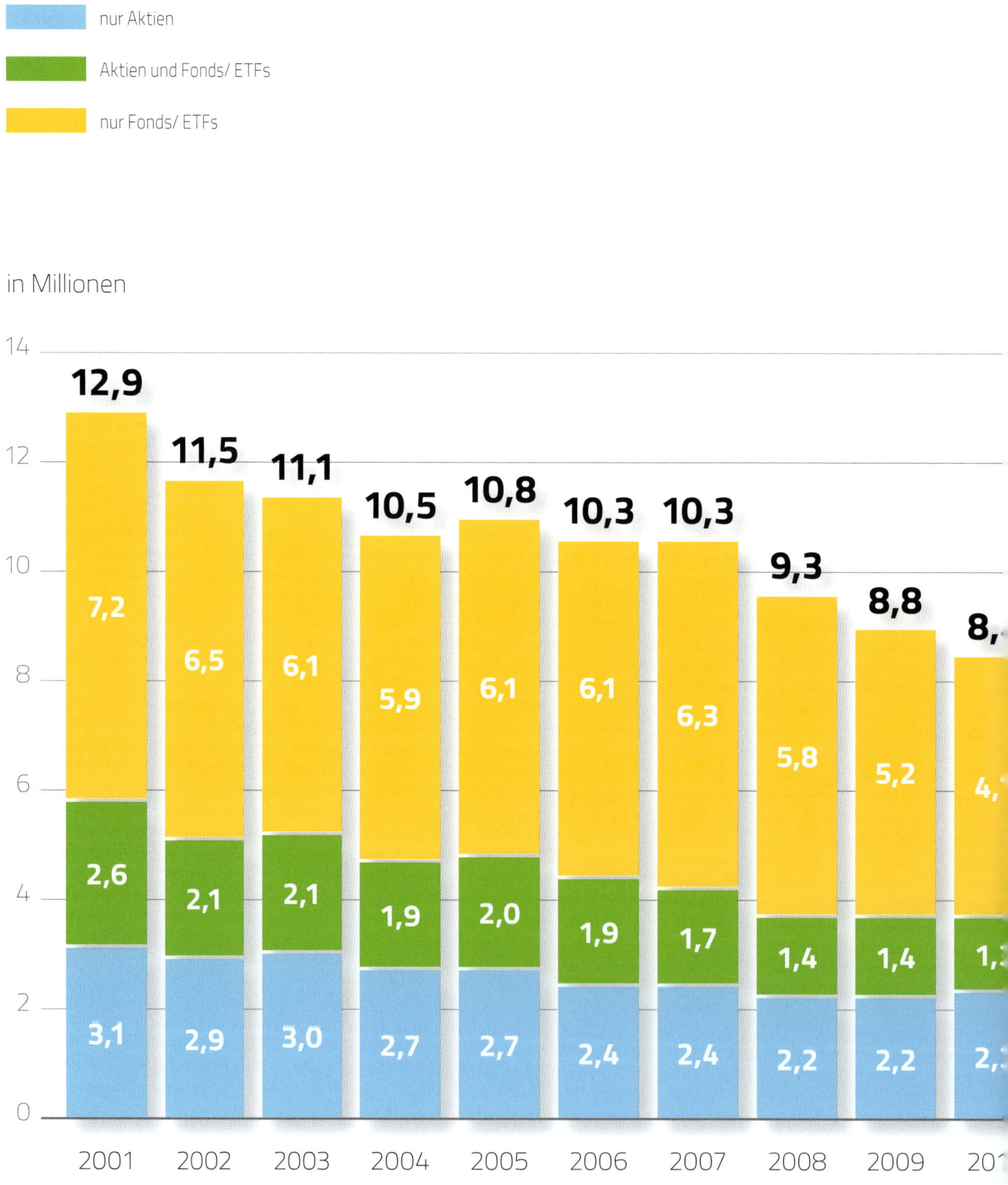

nur Aktien

Aktien und Fonds/ ETFs

nur Fonds/ ETFs

in Millionen

12,9 **11,5** **11,1** **10,5** **10,8** **10,3** **10,3** **9,3** **8,8** **8,**

7,2	6,5	6,1	5,9	6,1	6,1	6,3	5,8	5,2	4,
2,6	2,1	2,1	1,9	2,0	1,9	1,7	1,4	1,4	1,
3,1	2,9	3,0	2,7	2,7	2,4	2,4	2,2	2,2	2,

2001 2002 2003 2004 2005 2006 2007 2008 2009 201

Aktionäre und Anleger in Deutschland

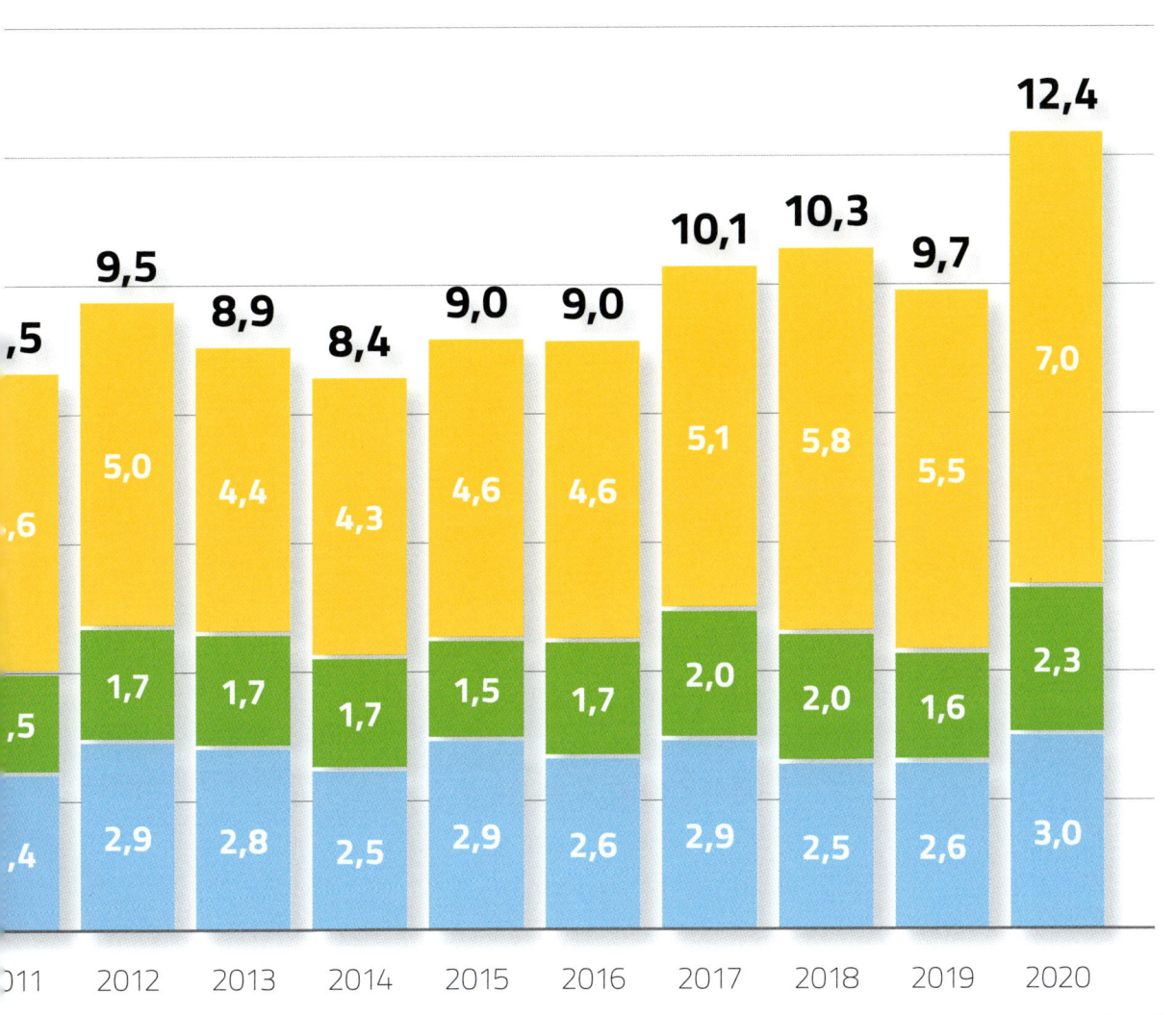

	2011	2012	2013	2014	2015	2016	2017	2018	2019	2020
Gesamt	,5	9,5	8,9	8,4	9,0	9,0	10,1	10,3	9,7	12,4
Gelb	,6	5,0	4,4	4,3	4,6	4,6	5,1	5,8	5,5	7,0
Grün	,5	1,7	1,7	1,7	1,5	1,7	2,0	2,0	1,6	2,3
Blau	,4	2,9	2,8	2,5	2,9	2,6	2,9	2,5	2,6	3,0

Stand: 2021

+ 643.000

Anlegerinnen in Fonds/ETFs

+ 64.000

Aktionärinnen

Entwicklung der Aktiensparerinnen und -sparer

im Vergleich zum Vorjahr

+ 1.595.000

Anleger in Fonds/ETFs

+ 1.112.000

Aktionäre

Stand: 2021

Aktionäre und Anleger in Fonds/ETFs im Detail

in Deutschland

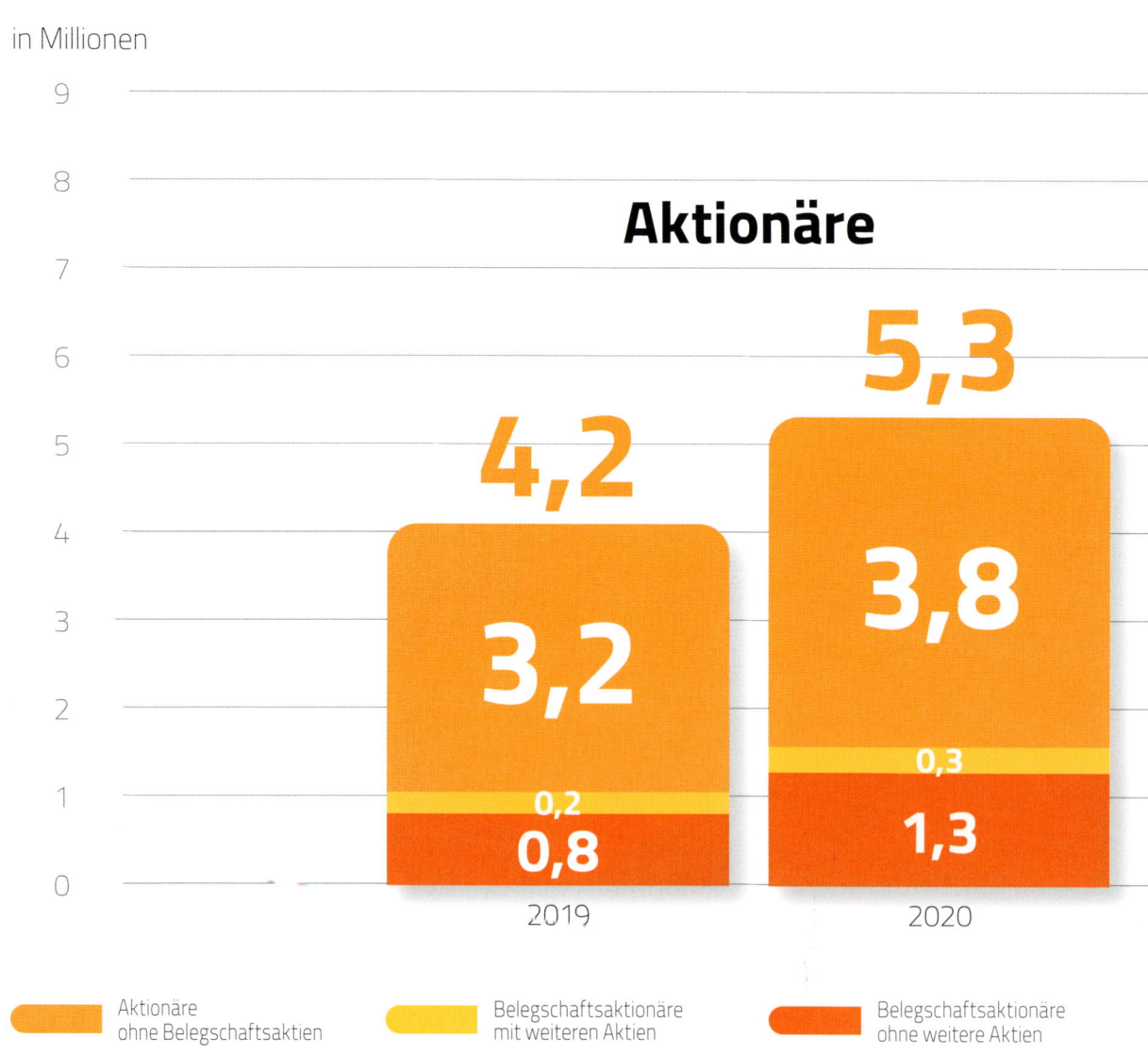

in Millionen

Aktionäre

	2019	2020
Aktionäre ohne Belegschaftsaktien	3,2	3,8
Belegschaftsaktionäre mit weiteren Aktien	0,2	0,3
Belegschaftsaktionäre ohne weitere Aktien	0,8	1,3
Gesamt	**4,2**	**5,3**

- Aktionäre ohne Belegschaftsaktien
- Belegschaftsaktionäre mit weiteren Aktien
- Belegschaftsaktionäre ohne weitere Aktien

Anleger in Fonds/ETFs

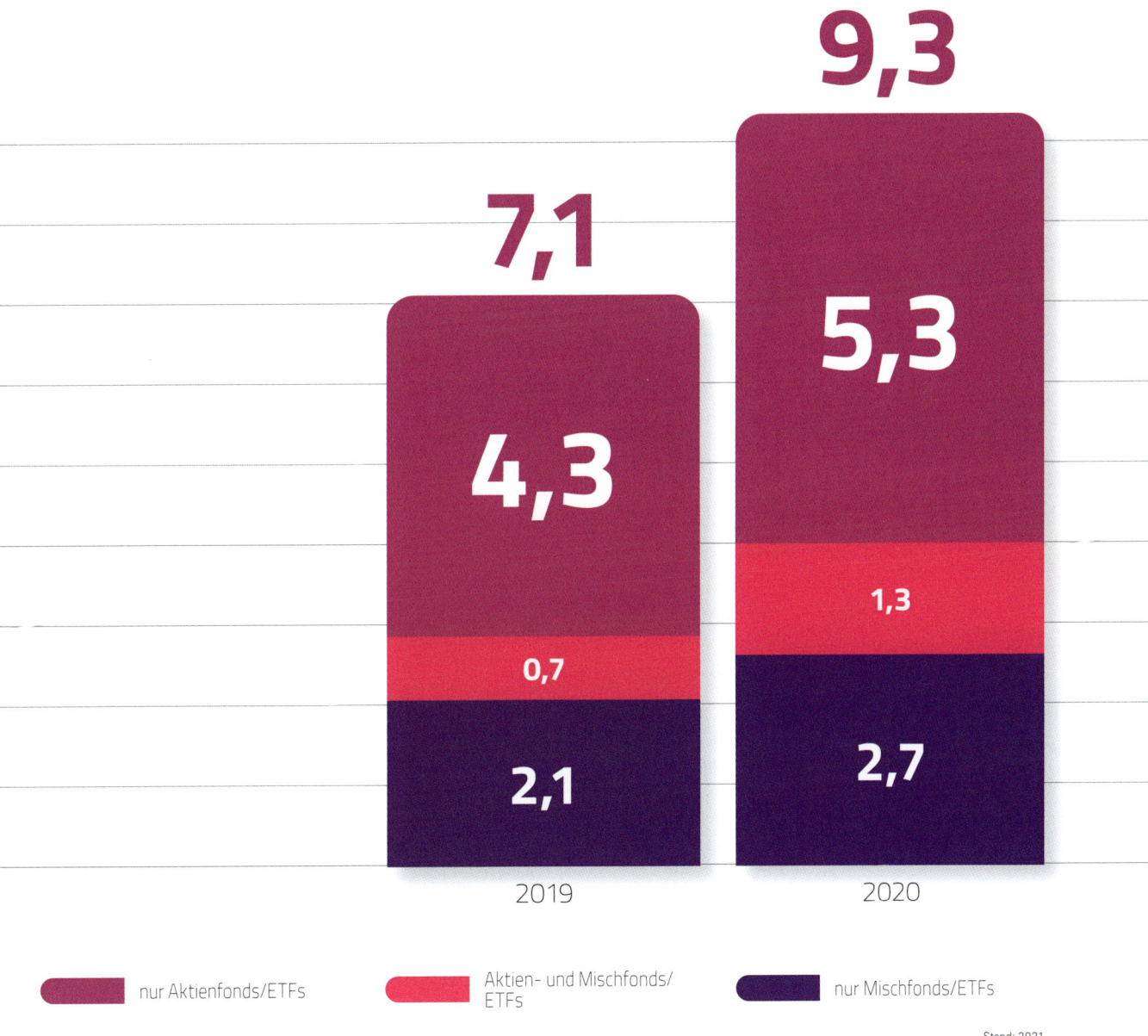

9,3

5,3

1,3

2,7

7,1

4,3

0,7

2,1

2019

2020

■ nur Aktienfonds/ETFs   ■ Aktien- und Mischfonds/ETFs   ■ nur Mischfonds/ETFs

Stand: 2021

Deutsche Aktiensparer nach Altersgruppen

in Millionen

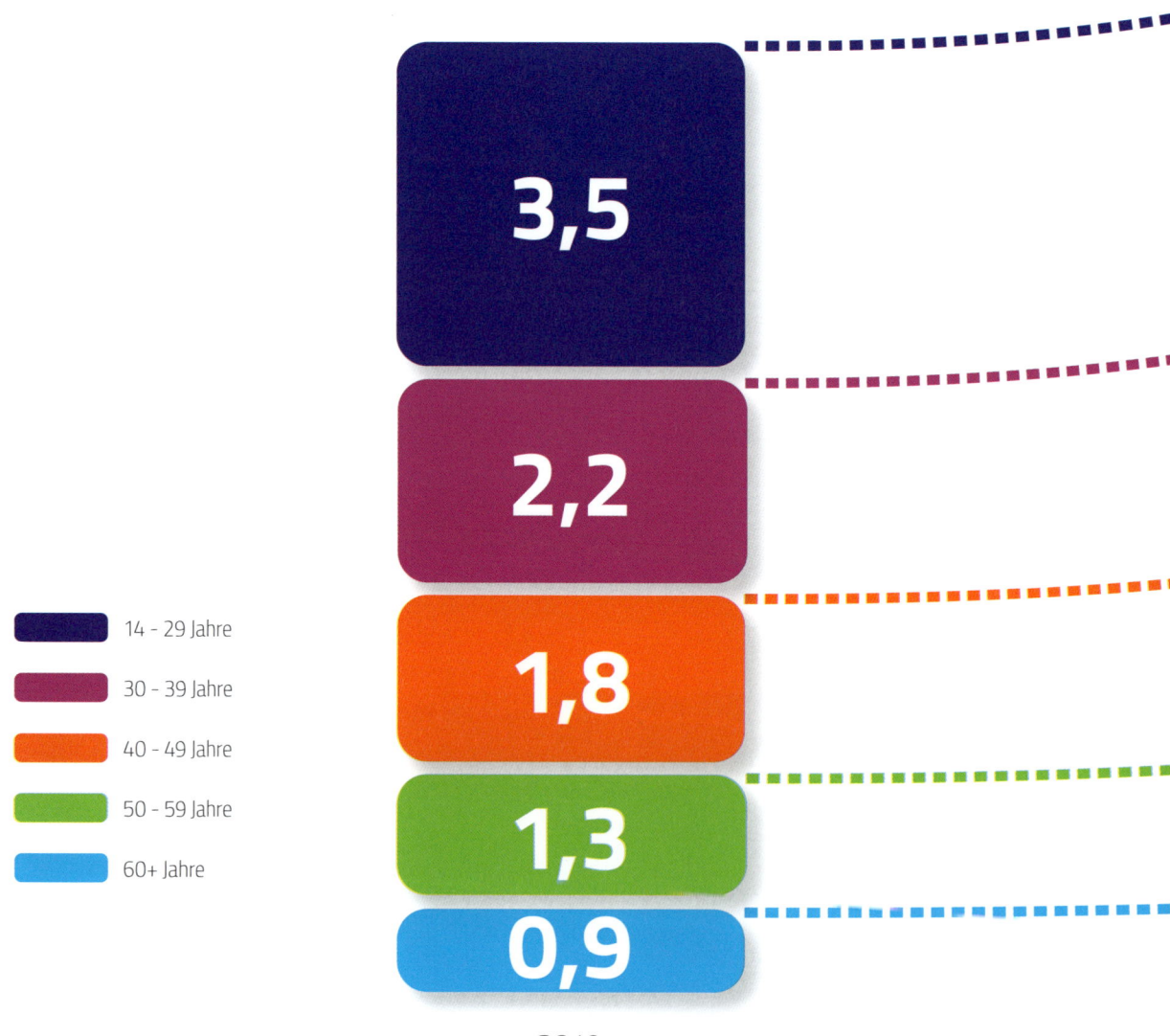

14 - 29 Jahre

30 - 39 Jahre

40 - 49 Jahre

50 - 59 Jahre

60+ Jahre

3,5

2,2

1,8

1,3

0,9

2019

Stand: 2021

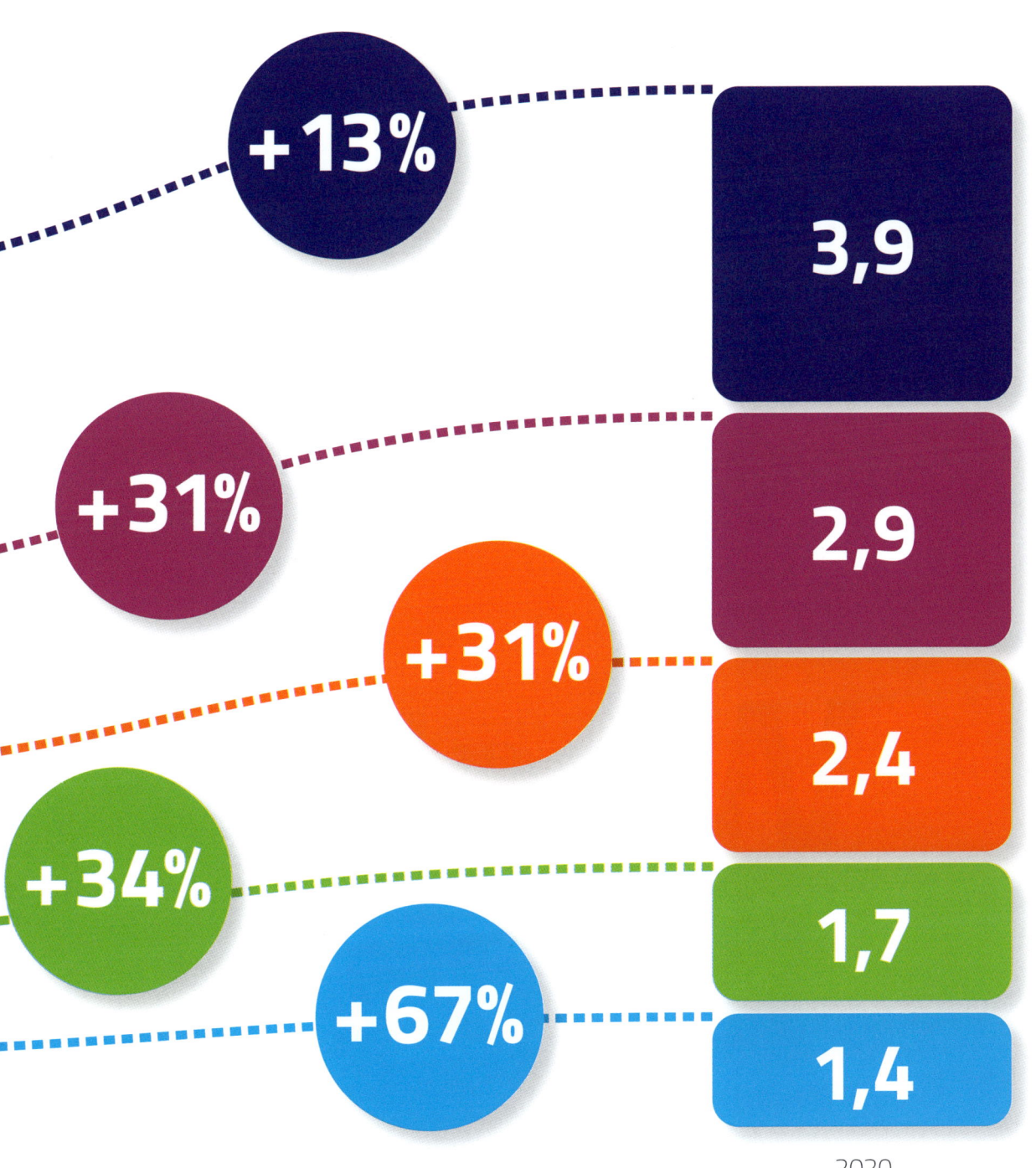

+13%

3,9

+31%

2,9

+31%

2,4

+34%

1,7

+67%

1,4

2020

139

Ost-West-Gefälle

Anteil der Aktiensparerinnen und -sparer nach Regionen

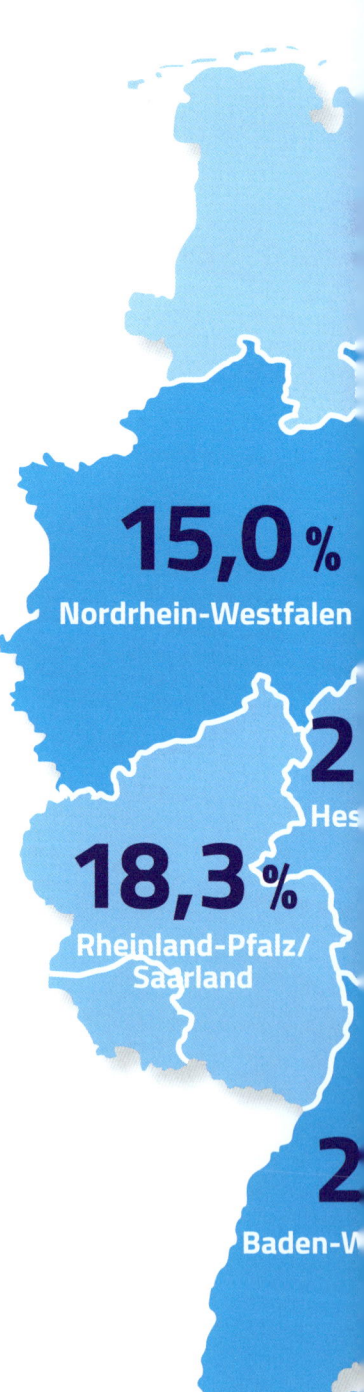

15,0 %
Nordrhein-Westfalen

2
Hes

18,3 %
Rheinland-Pfalz/
Saarland

2
Baden-W

West 18,9 %

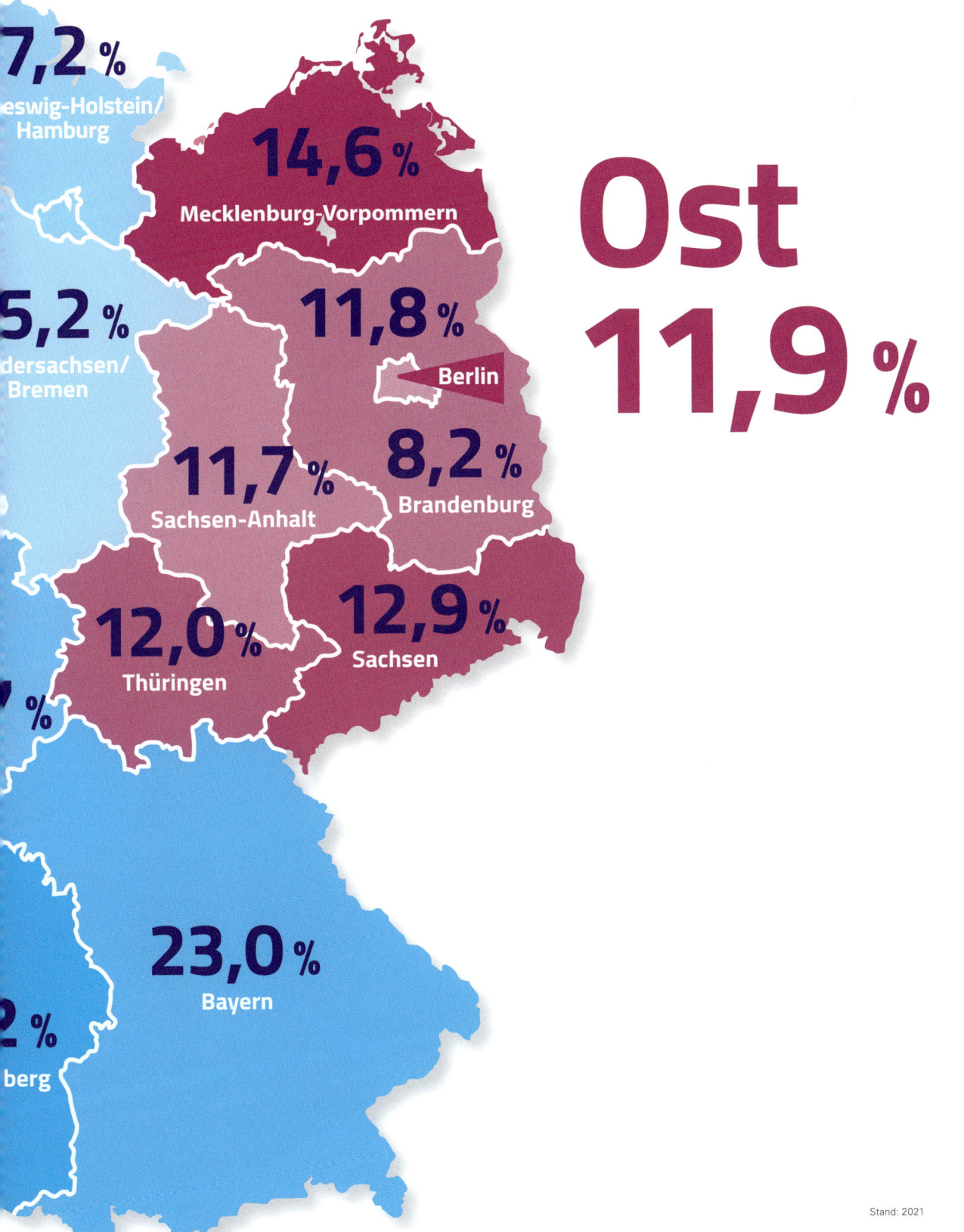

7,2 %
eswig-Holstein/
Hamburg

14,6 %
Mecklenburg-Vorpommern

5,2 %
dersachsen/
Bremen

11,8 %

Berlin

11,7 %
Sachsen-Anhalt

8,2 %
Brandenburg

12,0 %
Thüringen

12,9 %
Sachsen

**Ost
11,9 %**

%

23,0 %
Bayern

2 %
berg

Stand: 2021

* private Haushalte einschließlich Organisationen
ohne Erwerbszweck; vorläufige Angaben
** einschließlich Geldmarktpapiere, ohne Zertifikate

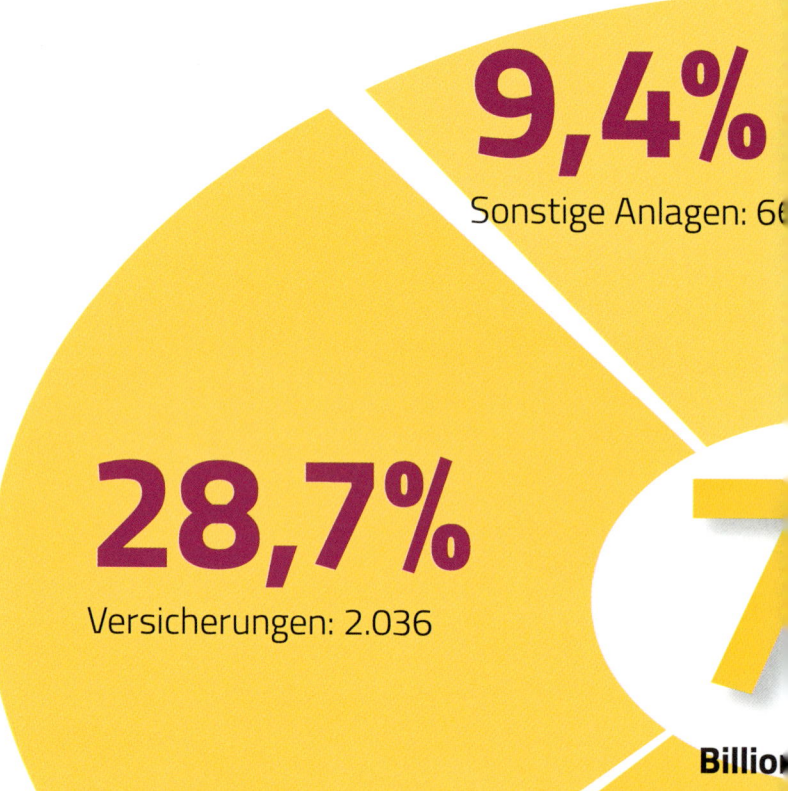

9,4%
Sonstige Anlagen: 6

28,7%
Versicherungen: 2.036

Billio

11,6%
Investmentfonds: 823

Stand: Dezember 2020

Geldvermögen privater Haushalte* in Deutschland

in Milliarden Euro

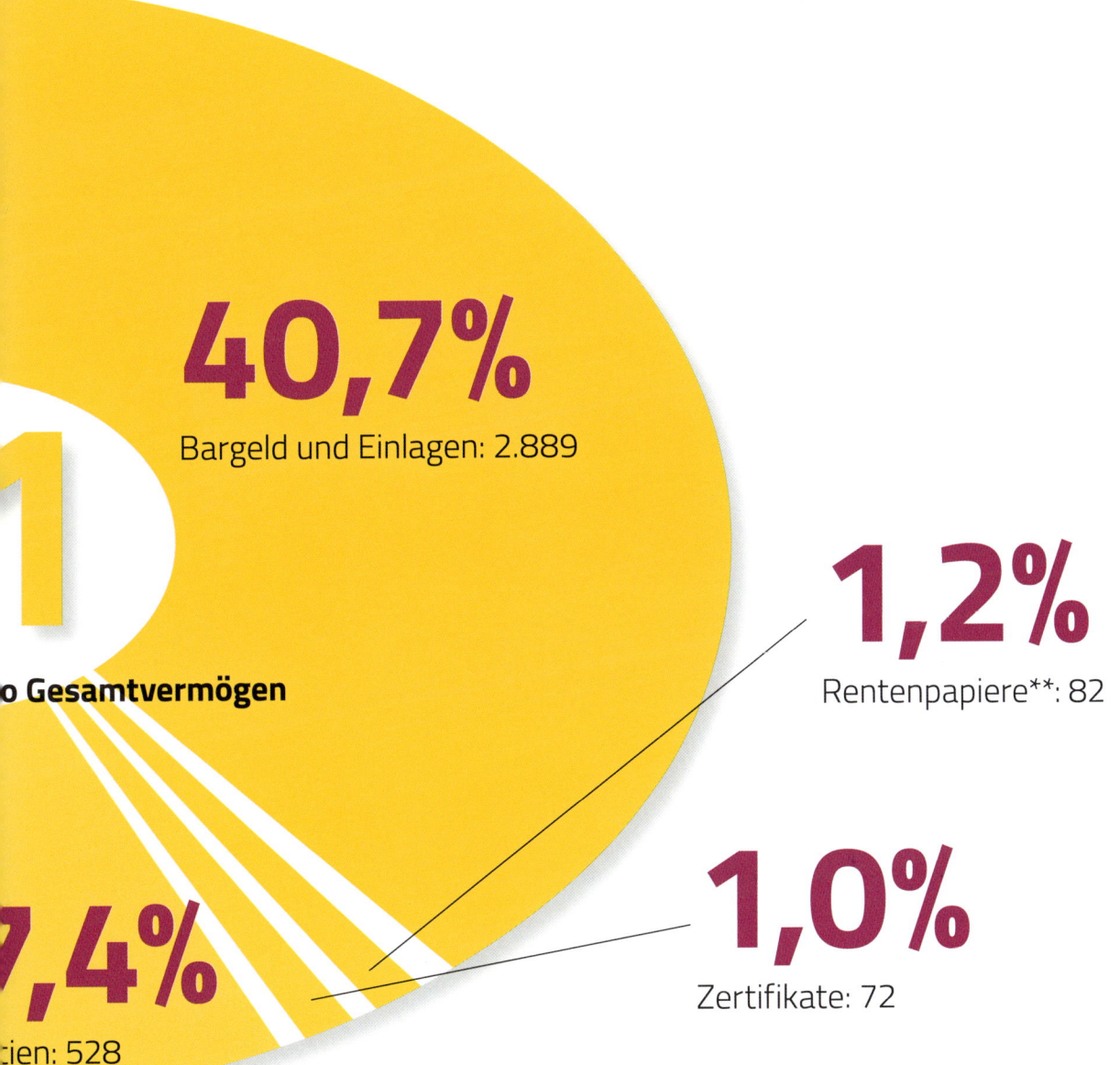

40,7%
Bargeld und Einlagen: 2.889

1,2%
Rentenpapiere**: 82

1,0%
Zertifikate: 72

o Gesamtvermögen

7,4%
...tien: 528

Geldvermögen der Deutschen

in Milliarden Euro

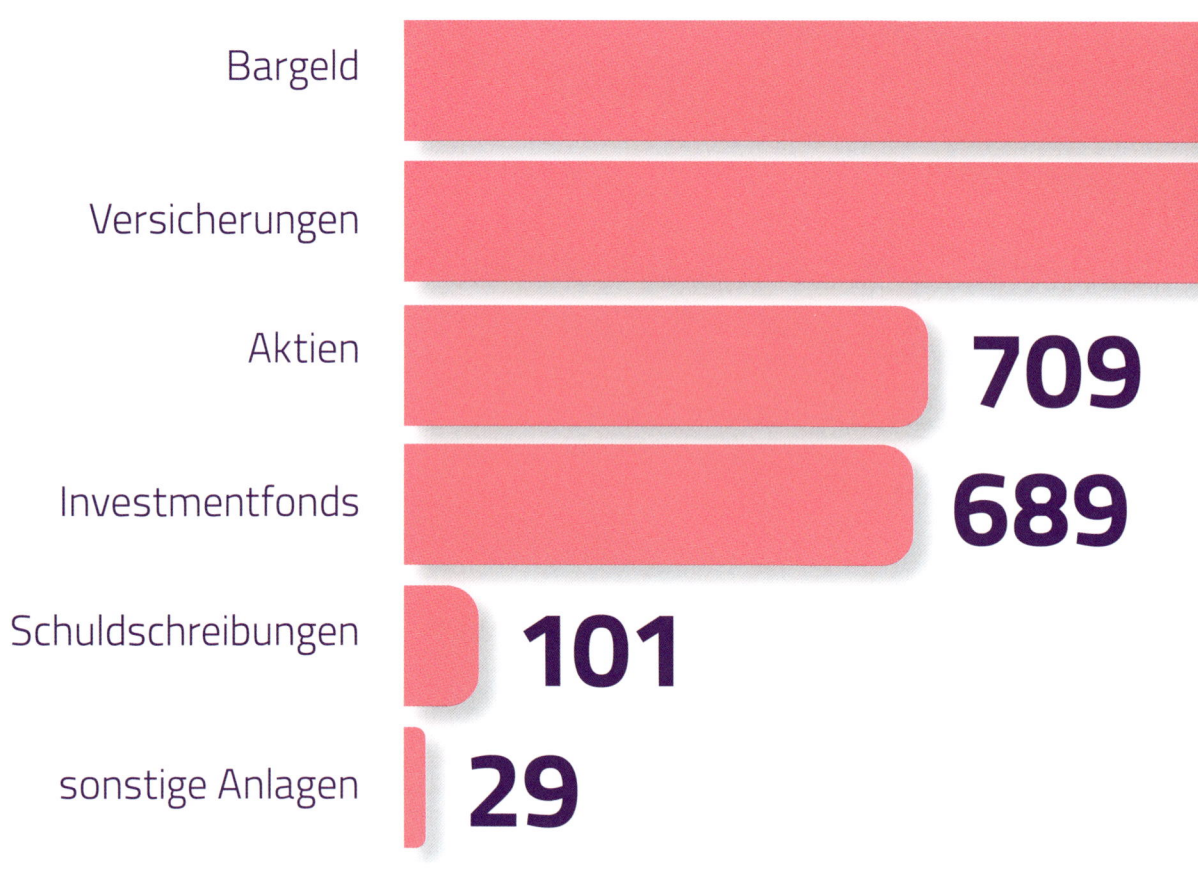

- Bargeld
- Versicherungen
- Aktien **709**
- Investmentfonds **689**
- Schuldschreibungen **101**
- sonstige Anlagen **29**

Stand: März 2021

Gesamtvermögen:
6.701 Milliarden Euro

2.712

2.461

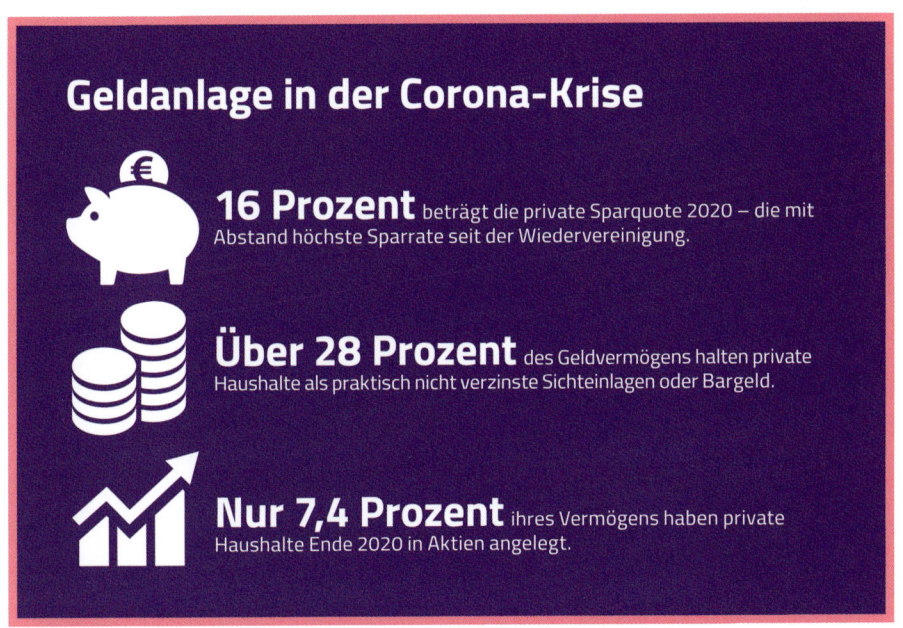

Geldanlage in der Corona-Krise

16 Prozent beträgt die private Sparquote 2020 – die mit Abstand höchste Sparrate seit der Wiedervereinigung.

Über 28 Prozent des Geldvermögens halten private Haushalte als praktisch nicht verzinste Sichteinlagen oder Bargeld.

Nur 7,4 Prozent ihres Vermögens haben private Haushalte Ende 2020 in Aktien angelegt.

Reichtums-
Perspektiven

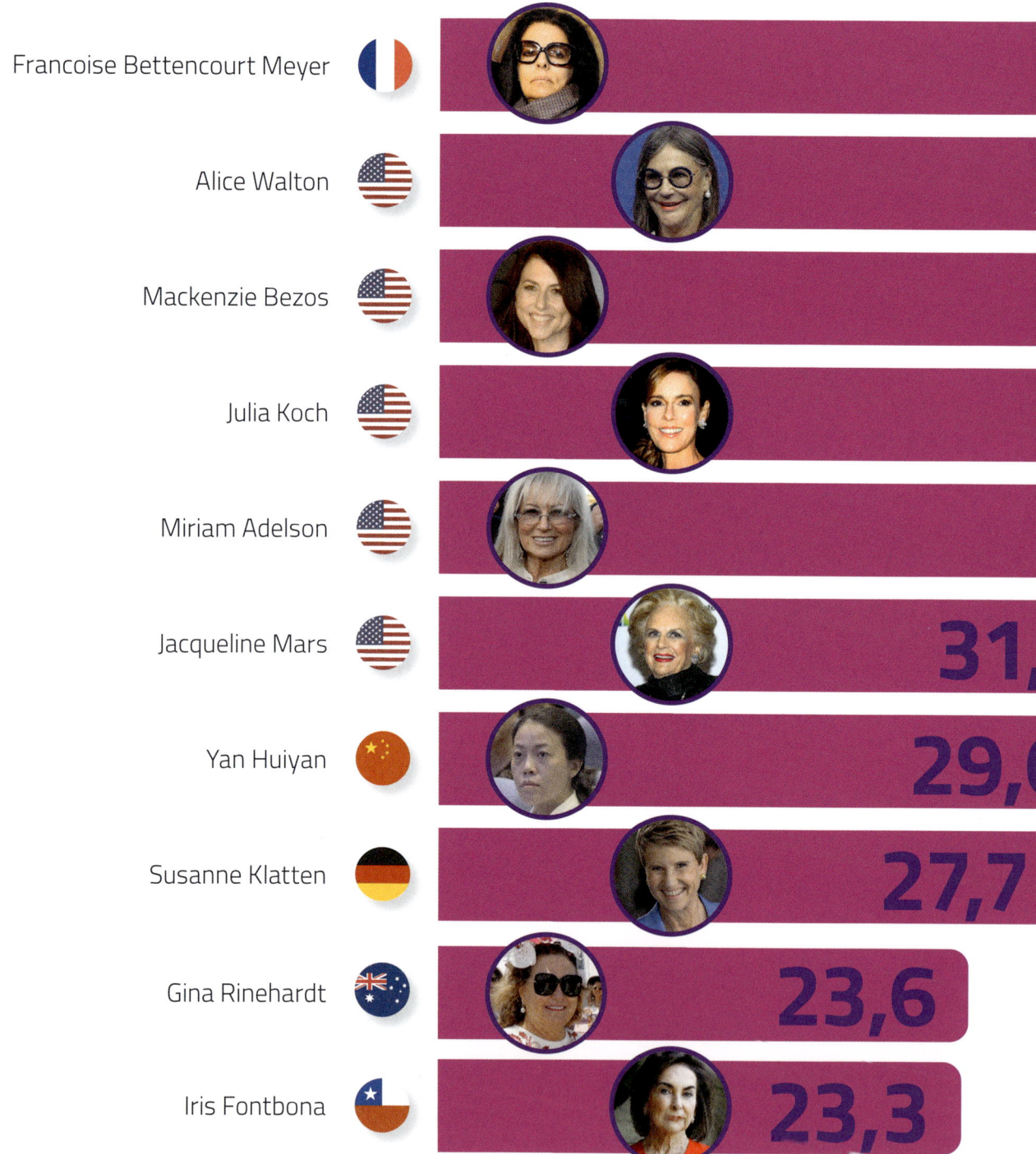

Francoise Bettencourt Meyer

Alice Walton

Mackenzie Bezos

Julia Koch

Miriam Adelson

Jacqueline Mars — 31,

Yan Huiyan — 29,6

Susanne Klatten — 27,7

Gina Rinehardt — 23,6

Iris Fontbona — 23,3

73,6

61,8

53,0

46,4

38,2

Die 10 reichsten Frauen

Vermögen in Milliarden US-Dollar

Stand 2021

208

Elon
Musk

197

Jeff
Bezos

134

Bill
Gates

113

Bernard
Arnault

Stand: August 2021

Die 10 reichsten Männer

Vermögen in Milliarden US-Dollar

101	92,1	89,4	88,2	86,5	86,2
Mark Zuckerberg	Zhong Shanshan	Larry Page	Warren Buffett	Sergey Brin	Steve Ballmer

Weltkarte der Milliardäre

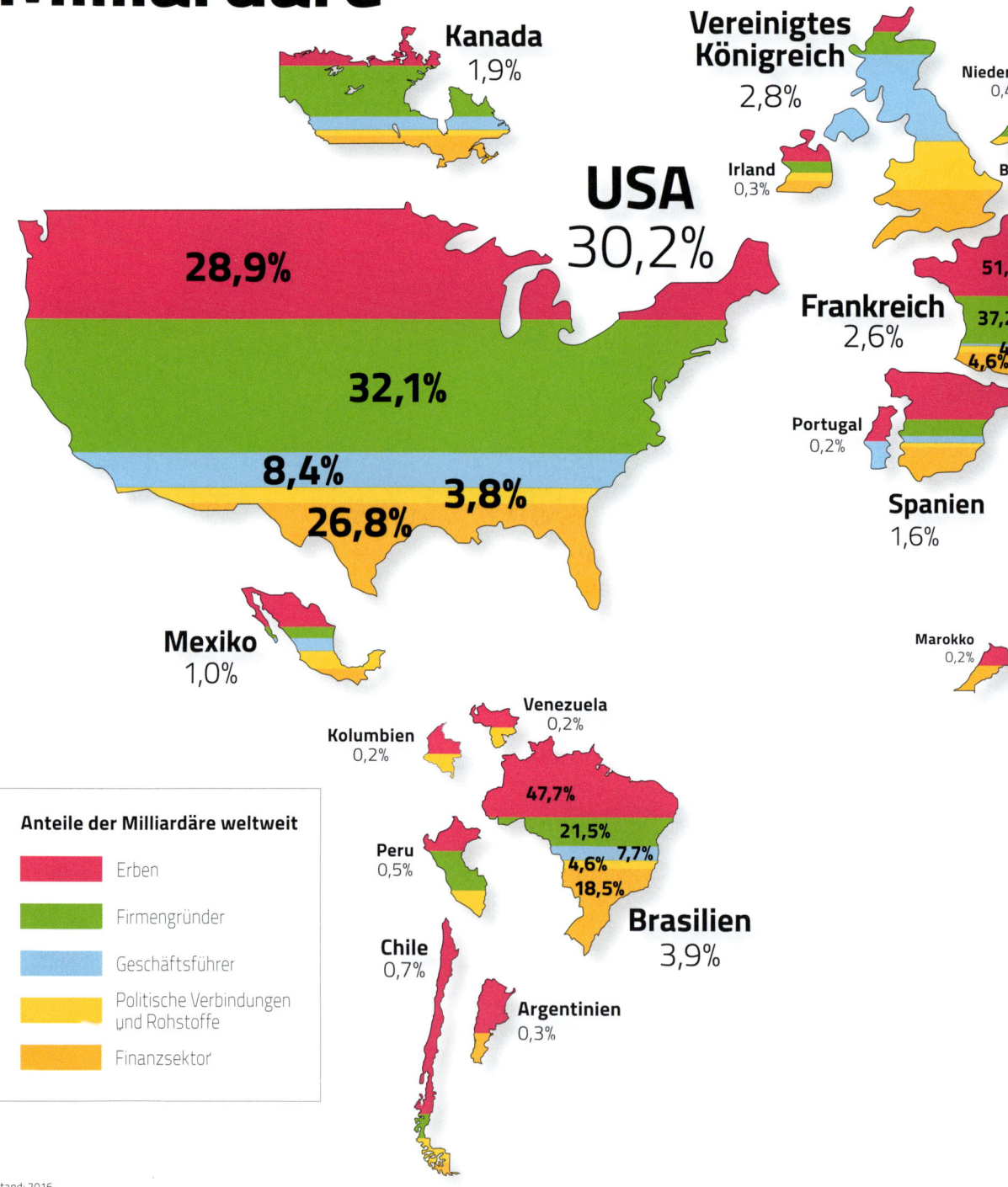

Kanada
1,9%

Vereinigtes Königreich
2,8%

Niederl...
0,4%

USA
30,2%

28,9%

32,1%

8,4%

3,8%

26,8%

Irland
0,3%

Be...

51,2...

37,2°...

4,6°...

Frankreich
2,6%

Portugal
0,2%

Spanien
1,6%

Mexiko
1,0%

Marokko
0,2%

Venezuela
0,2%

Kolumbien
0,2%

Peru
0,5%

Chile
0,7%

Argentinien
0,3%

47,7%

21,5%

7,7%

4,6%

18,5%

Brasilien
3,9%

Anteile der Milliardäre weltweit

- Erben
- Firmengründer
- Geschäftsführer
- Politische Verbindungen und Rohstoffe
- Finanzsektor

Stand: 2016

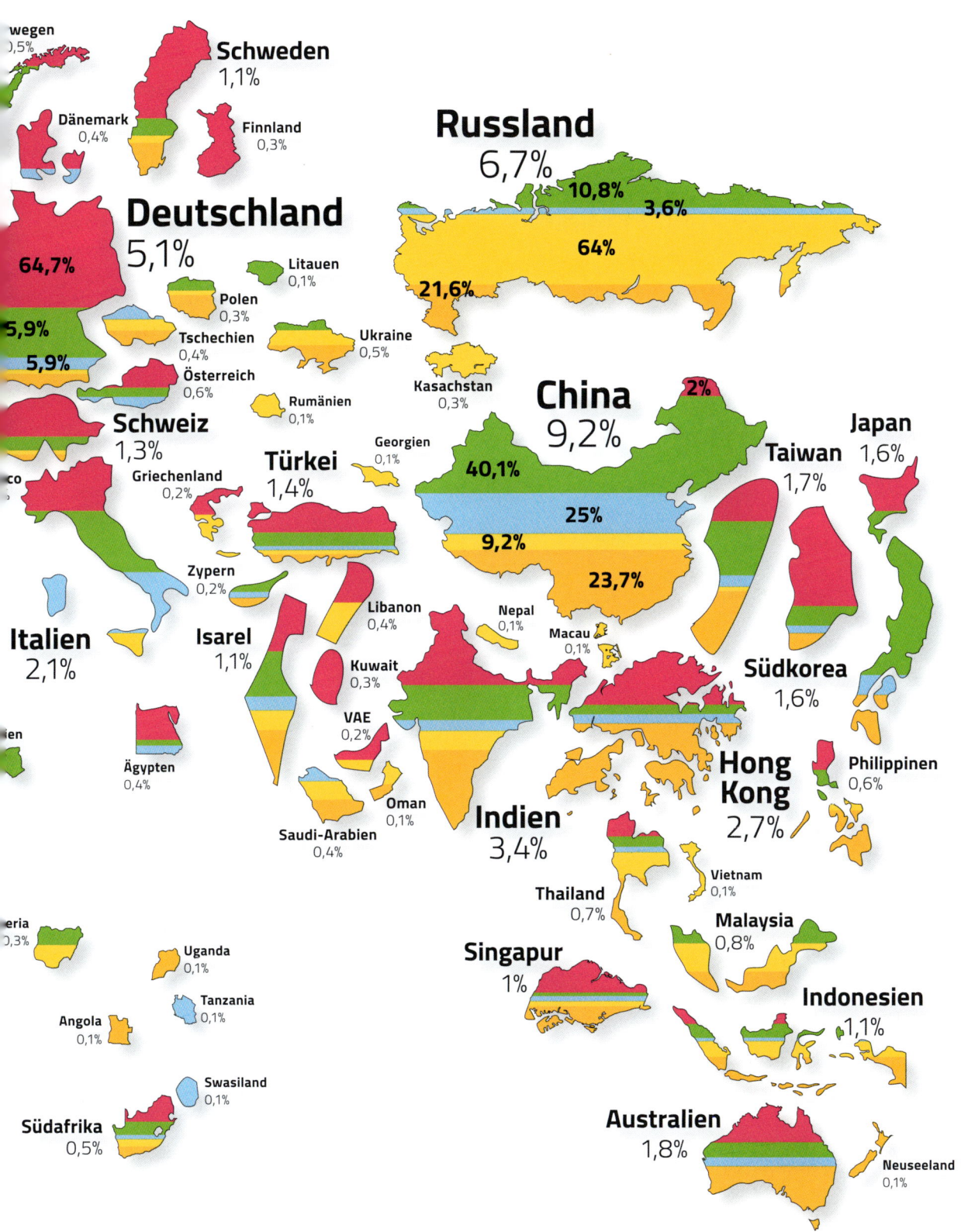

wegen
0,5%

Schweden
1,1%

Dänemark
0,4%

Finnland
0,3%

Russland
6,7%

10,8%

3,6%

64%

21,6%

Deutschland
5,1%

64,7%

Litauen
0,1%

5,9%

Polen
0,3%

5,9%

Tschechien
0,4%

Ukraine
0,5%

Österreich
0,6%

Kasachstan
0,3%

Rumänien
0,1%

Schweiz
1,3%

Georgien
0,1%

China
9,2%

2%

Japan
1,6%

Griechenland
0,2%

Türkei
1,4%

40,1%

Taiwan
1,7%

co

Zypern
0,2%

25%

9,2%

Italien
2,1%

Isarel
1,1%

Libanon
0,4%

Nepal
0,1%

23,7%

Macau
0,1%

Südkorea
1,6%

ien

Kuwait
0,3%

Ägypten
0,4%

VAE
0,2%

Hong Kong
2,7%

Philippinen
0,6%

Oman
0,1%

Indien
3,4%

Saudi-Arabien
0,4%

Vietnam
0,1%

eria
0,3%

Thailand
0,7%

Malaysia
0,8%

Uganda
0,1%

Singapur
1%

Tanzania
0,1%

Indonesien
1,1%

Angola
0,1%

Swasiland
0,1%

Australien
1,8%

Südafrika
0,5%

Neuseeland
0,1%

Die Top 10 Milliardärs-Städte

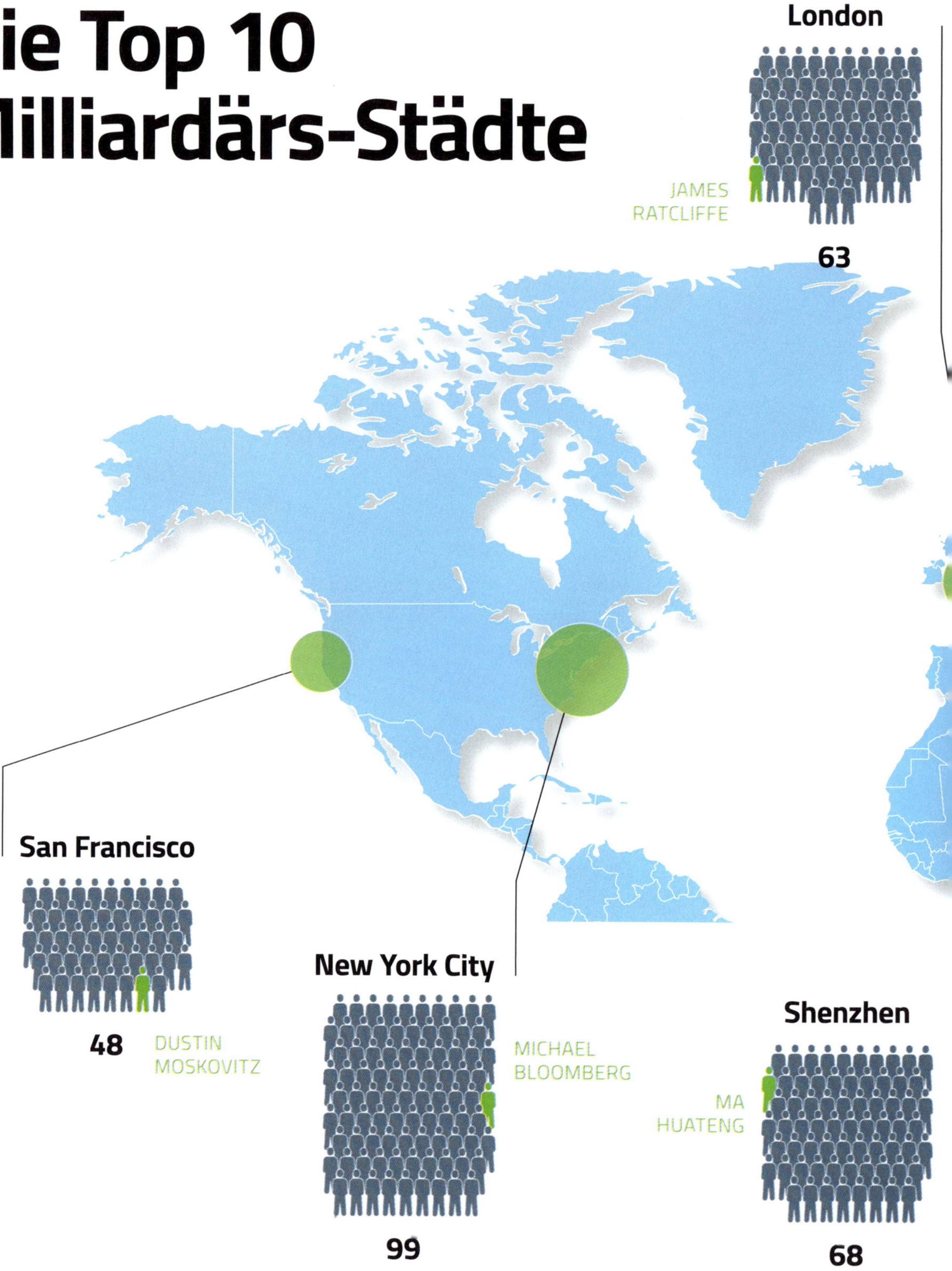

London

JAMES RATCLIFFE

63

San Francisco

48 DUSTIN MOSKOVITZ

New York City

MICHAEL BLOOMBERG

99

Shenzhen

MA HUATENG

68

Stand: 2020

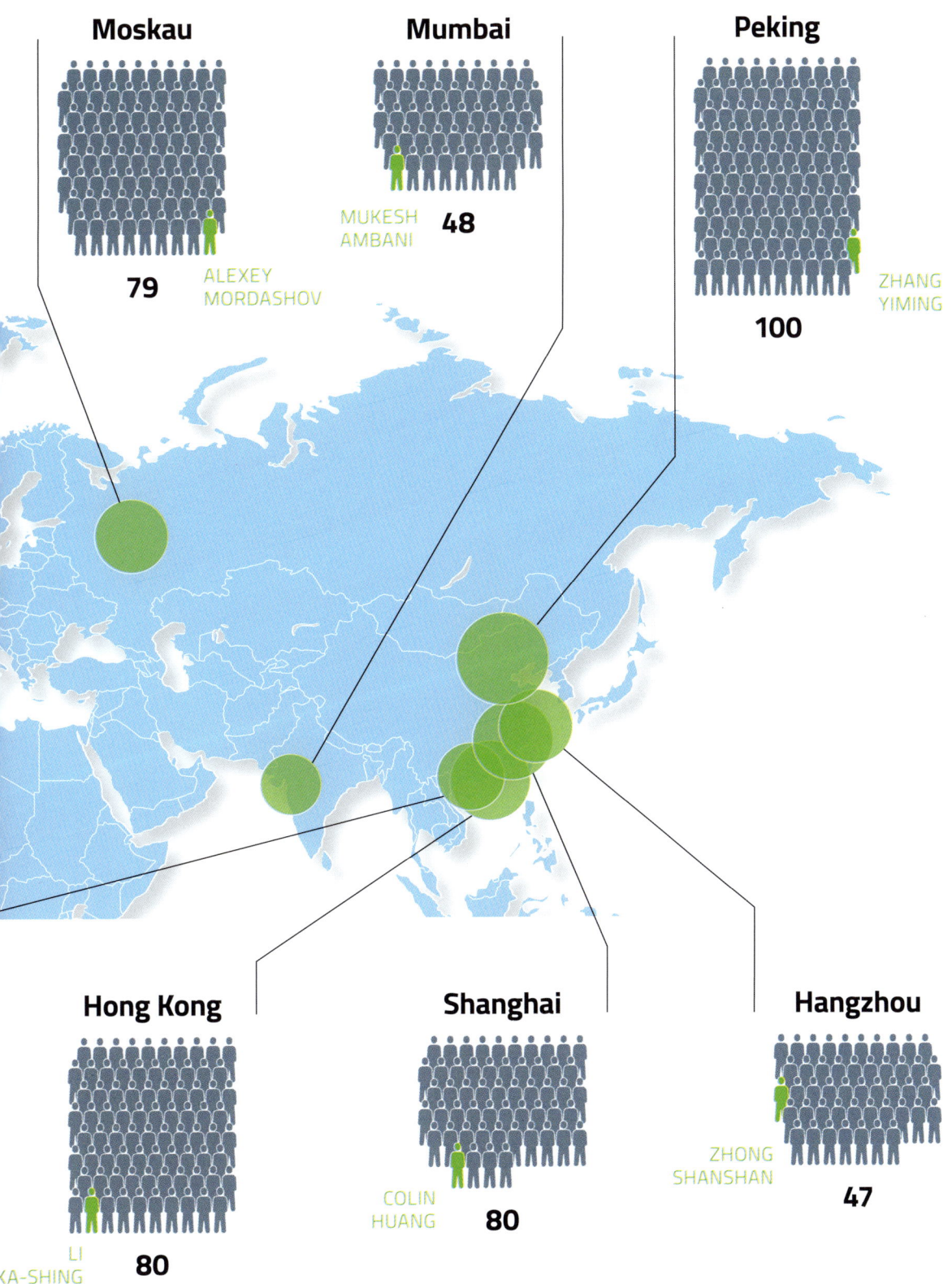

Moskau

79

ALEXEY MORDASHOV

Mumbai

MUKESH AMBANI

48

Peking

ZHANG YIMING

100

Hong Kong

LI KA-SHING

80

Shanghai

COLIN HUANG

80

Hangzhou

ZHONG SHANSHAN

47

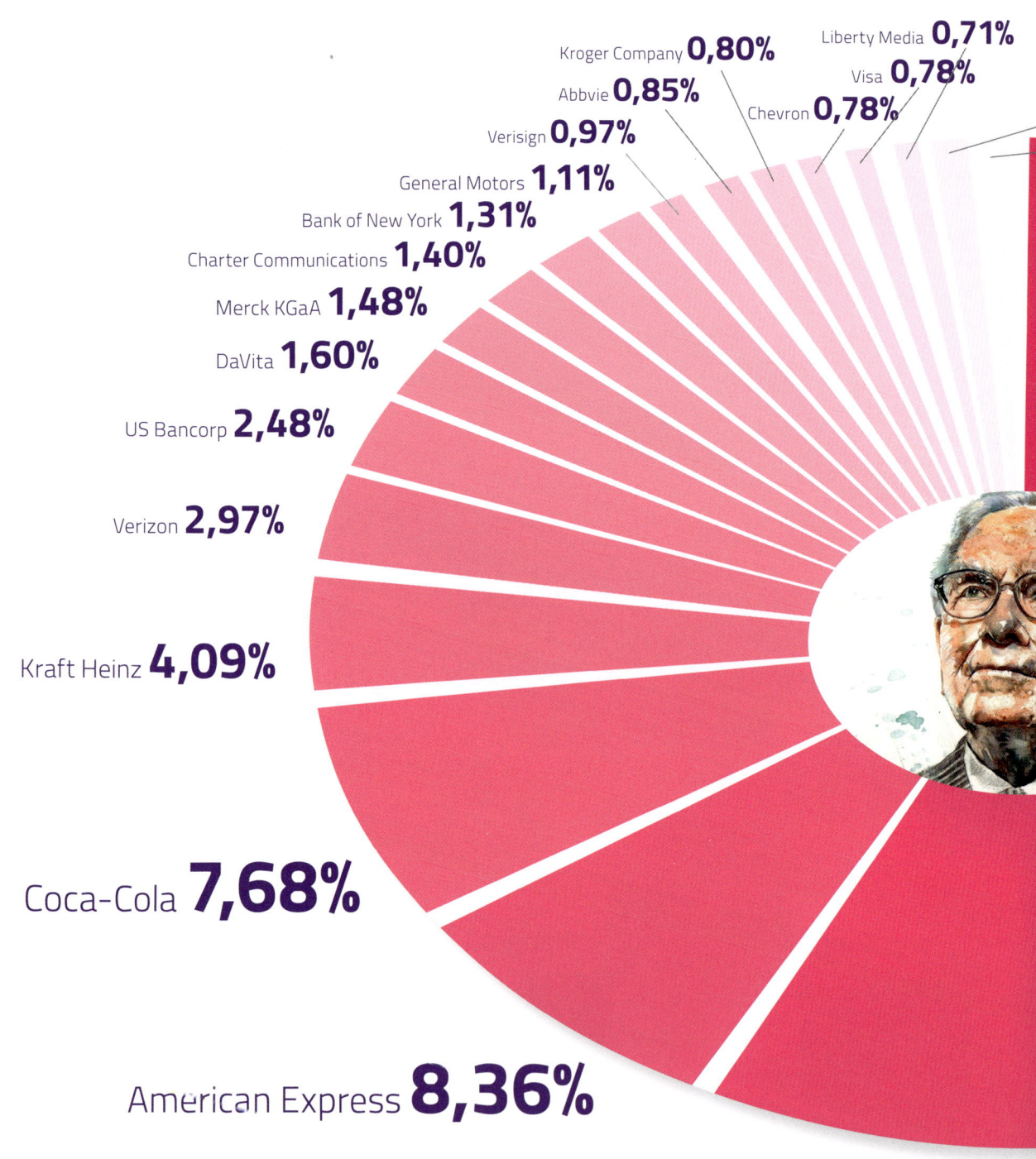

Kroger Company **0,80%**

Abbvie **0,85%**

Verisign **0,97%**

General Motors **1,11%**

Bank of New York **1,31%**

Charter Communications **1,40%**

Merck KGaA **1,48%**

DaVita **1,60%**

US Bancorp **2,48%**

Verizon **2,97%**

Kraft Heinz **4,09%**

Coca-Cola **7,68%**

American Express **8,36%**

Liberty Media **0,71%**

Visa **0,78%**

Chevron **0,78%**

Stand: August 2021

Das Portfolio von Warren Buffett

stol-Myers 0,68%
Amazon 0,64%
Apple 47,06%
Bank of America 14,25%

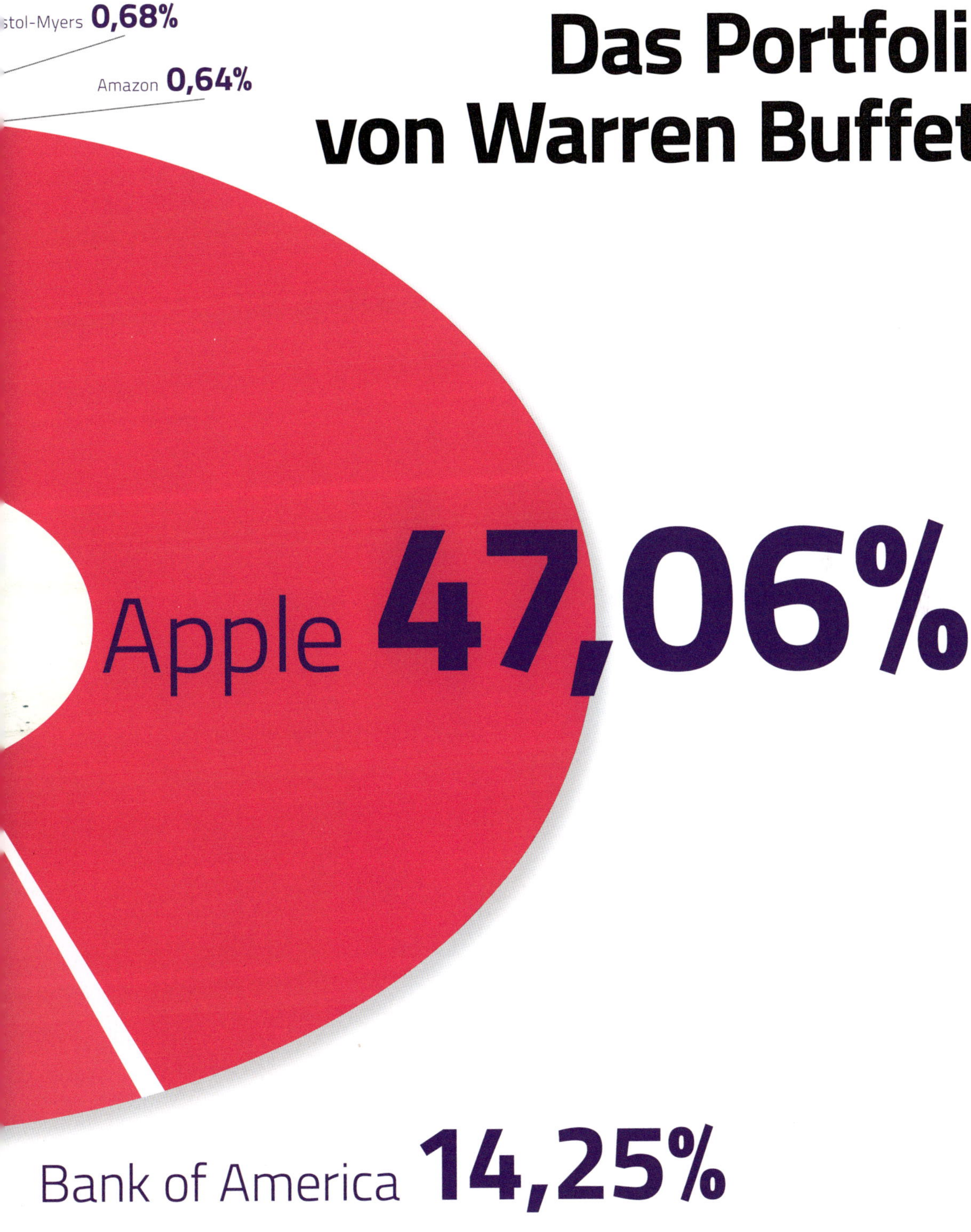

Humoristische Perspektiven

BERKSHIRE

225

Euro kostet die teuerste Akti

Stand: August 2021

ATHAWAY INC.

.182

er Welt.

Die erste Bank wurde

in der Toskana gegründet. Sie is

72

och in Betrieb.

19

konnten Banken in den USA

Bis

08

elbst Geld drucken.

Der Onkel von JP

den Hit „Jingle Bells".

Morgan schrieb

Die schlimmste Inflation gab e

Sie stieg auf

89 700 000 000

008 in Simbabwe.

000 000 000 000 000

Prozent (89,7 Trilliarden).

Der DAX hätte beinahe

geheißen

(Kurzinformationssystem).

Kürzestes Intermezzo: Nur **182**

…age war die Hannover Rück im DAX gelistet (23.03.2009 – 21.09.2009).

Apples Barver
Investitionen ü
das Bruttoinla
von Finr

ögen und
rsteigen
sprodukt
nd.

Das Wort

„BÖ

RSE"

stammt von der Kaufmannsfamilie „van der Beurse".
Vor ihrem Haus haben sich im 16. Jahrhundert
Händler getroffen.

An der kleinsten Börsen der Welt werden nur

Aktien gehandelt.

Der 16. März 1830 markiert einen Tiefpunkt.
An diesem Tag werden nur

Stück von etwa 80 Millionen gelisteten Aktien gehandelt –
ein Allzeitumsatztief. Doch bald folgt ein positiver Meilenstein.
Ende 1886 werden erstmals mehr als eine Millionen Aktien an
einem Tag gehandelt.

Kauf

Es geht immer weiter. Jetzt will ich dabei sein! Ich kaufe die Aktie!

Glücksgefühl

Hab ich es doch gewusst! Die Aktie steigt und steigt – ich werde reich!

Bestätigung

Ich habe es doch gewusst: Die Aktie läuft gut. Jetzt warte ich auf den nächsten Rücksetzer und dann steige ich ein.

Interessse

Oh, das ist eine interessante Aktie – ich überlege, bald einzusteigen.

Panik

Oh nein, definitiv war das ein Fehler! Was mache ich denn jetzt?!?!

Verkauf

Ich möchte mit diesen Papieren nichts mehr zu tun haben! Bevor ich jetzt all mein Geld verliere, ziehe ich lieber die letzten Euros raus.

Der typische Börsenzocker

... macht alles falsch!

Selbstsicherheit

Ich habe es doch immer gewusst!
Diese Aktie ist Spitze!

Kauf

Ich steige ein!
Diesmal bin ich mir sicher,
ich kaufe noch einmal.

Gespielte Entspannung

Naja, macht nichts. Ein kleiner
Rücksetzer tut der Sache ganz gut.

Zweifel

Oh Gott, jetzt geht es immer
weiter runter. Ob der Kauf ein
Fehler war?

Hoffnung

Es geht wieder hoch!
Der Markt dreht.
Sollte ich wieder
einsteigen?

Trotz

Naja, maximal kurzes
Aufbäumen –
die Aktie ist tot.

Spott

Wie kann man denn so blöd sein
und diese Aktie kaufen?

Bestätigung

Hab ich's doch gewusst. Zum Glück bin
ich raus aus diesem Saftladen!

Weltkarte aus inkorrekter Investorensicht

Quellen-
nachweise

1 Globale Perspektiven

2 Historische Perspektiven